此书，献给自己心中不灭的梦想和孜孜不倦的追求！

品牌
征服

品牌征服

大互联时代伟大品牌的六维设计

包·恩和巴图 著

新华出版社

图书在版编目（CIP）数据

品牌征服：大互联时代伟大品牌的六维设计 / 包·恩和巴图著. —北京：新华出版社，2017.5
ISBN 978-7-5166-3266-6
Ⅰ.①品… Ⅱ.①包… Ⅲ.①互联网络—应用—品牌战略—研究 Ⅳ.①F273.2-33
中国版本图书馆CIP数据核字（2017）第126659号

品牌征服：大互联时代伟大品牌的六维设计
作　　者：包·恩和巴图

责任编辑：张　谦　　**封面设计：**于利花

出版发行：新华出版社　　**经　　销：**新华书店
地　　址：北京石景山区京原路8号　　**邮　　编：**100040
网　　址：http://www.xinhuapub.com
购书热线：010－63077122　　**中国新闻书店购书热线：**010－63072012

照　　排：博士德　　**印　　刷：**北京市十月印刷有限公司
成品尺寸：240mm×168mm　1/16
印　　张：30　　**字　　数：**550千字
版　　次：2017年7月第一版　　**印　　次：**2017年7月第一次印刷
书　　号：ISBN 978-7-5166-3266-6　　**定　　价：**118.00元

图书如有印装问题请联系：010-68487630

包·恩和巴图是谁？

包·恩和巴图

著名品牌战略专家

中国最具影响力的营销策划100人（《销售与市场》杂志、CCTV广告部等六家媒体于2005年评选）

中国企业管理推动优秀个人

天九幸福控股集团高级副总裁兼天九研究院院长

内蒙古财经大学客座教授

曾任伊利集团奶粉事业部全国市场总监兼战略总监、北京派力营销管理咨询有限公司高级咨询顾问、英国TNS消费者指数研究中国区研究总监

首创"强势品牌六感法则"理论体系及实战手法，曾出版《中国营销50问》、《品牌入侵》等营销专著

曾服务过伊利、蒙牛、康师傅、上海家化、克明面业、弘一文化等200多家企业

品牌
征服

自序

我的诗和远方

不忘初心的坚持

生命如歌，岁月如梭，一点都不假。总感觉自己很年轻，结果一晃就过去了23年。当年一位青涩的营销专业毕业生如今已经变成了自己母校的客座教授，从叫别人为"老师"变成被别人叫为"老师"。

经历20多年的工作和实践，我感受了很多，感受了创业的艰辛，感受了世间的冷暖，感受学习与不学习的差别，也感受了知识与智慧的界限。

很多人对营销的感觉是一学就会，似乎人人都可以自学成才。然而，这些年我真正明白了营销知识与智慧的界限在哪里。营销这门学科，看似简单，其实不简单；看似容易学，其实不容易学。如果你不在这个领域工作二十到三十年，根本无法掌握其真正的智慧。

正因为如此，太多的企业在营销上犯错误、栽跟头，甚至葬送命运，紧接着就是一个接一个的悲剧品牌、悲剧老板、悲剧企业接连倒下，实在让人惋惜和痛心。

所以，**我一直在想，如何能够让更多的中国企业少出问题，少犯错误，在营销的道路上胜利前进，成就自我？**

这也是我为什么写这本书的原因，旨在通过最简单的语言、最实用的方法和最丰富的案例告诉大家最有用的道理，让我们的企业在营销战略上尽可能少犯错误，少走弯路，在创业路上尽可能减少一些挫折和失败。

我不是策划人

这几年，我们每个人都感受了时代的巨变，享受新技术、新产品、新服务、新环境带给我们的便利与美好。同时，也看到新老思想的碰撞、新老产品的交锋，看到太多曾经熟悉的大品牌离我们而去，也看到不少曾经陌生的面孔走进我们的生活。

新时代，新生命，新征程，已经变成我们每个企业，甚至我们每个人必须要面对的话题。正如马云所说，我们要警惕那些30人以下的小公司，他们看似现在名不见经传，但他们很有可能即将颠覆一个大企业，甚至颠覆一个大行业。

本书将这个时代定义为大互联时代，并认真思考未来企业的出路与发展，既不盲目跟风，也不故步自封，用一个开放的心态、冷静的头脑和简单的方法告诉大家在这个时代如何创建品牌。

早在2005年，我被《销售与市场》等6大媒体评选为“中国最具影响力的营销策划100人”。**虽然我很感谢媒体对我的认可，但从心底里我更喜欢大家称我为“设计师”。**

这么多年，我给企业做咨询，更像是一位设计师，而不是策划人。因为，我给企业解决的大多是根源问题（如产品）、系统问题（如商业模式），而不是局部问题（如传播）或表面问题（如VI设计）。

这本书，也从这个理念出发，围绕品类、品牌、视觉、模式、产品和传播6个维度系统阐述了创建品牌所需要的6大设计。也是在中国营销界首次把“商业模式设计”纳入品牌战略规划范畴的书。

一次大胆创新

→ 另外，这本书还打破了传统的图书写作与排版方式，大胆创新，整本书采用PPT格式，省去那些繁杂的文字和论述，增加大量的案例和图片，让读者赏心悦目之余，节省阅读时间，提升阅读效率，引领一个新的图书品类，将读书变为乐趣、将读书变为鉴赏。

→ 更重要的是，本书还创造性地发展了西方的定位理论，提出"定位概念化"的方法与工具，也扎根在中国文化，提出"品牌阴阳论"，第一次把品牌个性与品牌定位放到同等重要的位置，并强调"用右脑驱动市场"。

→ **无论你认可与不认可，人类已经迎来了大互联时代；无论你接受与不接受，这个时代正在发生着翻天覆地的变化。**在这个时代，一切都在改变，一切都在提速，我们经不起浪费时间，经不起试错纠错。在这个时代，我们所面临的机会也许只有一次，错过了就不会再有回头的余地。

→ 因此，我们的中国企业，尤其是广大的民营企业，有缘看到这本书的时候，我希望大家不仅要看"热闹"，更要看"门道"，从中吸收一些营养，借鉴一些方法。

→ **未来，哪怕只有一家企业从中受益，少走弯路，从而打造一个众人仰慕的品牌，便是我一直仰望的诗和远方。**

2017年6月12日/于北京

目录

目录

目录

品牌
征服

前言

征服或屈服

一代营销人的忧国情绪

市场上只有爱情法则。你若强大，春暖花开；你若弱小，痛苦如海。

从福布斯“2016年度全球最具价值品牌排行榜TOP100”谈起……

2016

福布斯榜单TOP10

	1541亿美元
Google	825亿美元
Microsoft	752亿美元
Coca-Cola	585亿美元
facebook.	526亿美元
TOYOTA	421亿美元
IBM	414亿美元
Disney	395亿美元
	391亿美元
	367亿美元

信息来源：福布斯"2016年度全球最具价值品牌排行榜TOP100"

2016

福布斯榜单TOP100

美国入选品牌	52
日本入选品牌	8
韩国入选品牌	2
中国入选品牌	0

信息来源：福布斯"2016年度全球最具价值品牌排行榜TOP100"

榜单解读

福布斯全球最具价值品牌排行榜，我每年都看，每年都失望。不得不感叹：改革开放以来，经历40年的发展，在这个榜单上为什么中国品牌仍然不见踪影？为什么还不如曾经"破产"过的韩国？

强大的美国	在TOP10里，除了日本的丰田以外，其余9个品牌全部为美国品牌； TOP100也一样，一半都是美国品牌，不得不承认美国是品牌大国。
不容忽视的日本	日本的丰田是唯一入选TOP10里的亚洲品牌，这不得不让我们对丰田刮目相看，其实TOP100里日本品牌也表现不俗，共入选8个品牌。
韩国精神值得关注	韩国的国土面积只有中国的1%，但上榜企业有2个。在1998年亚洲金融危机中已经"破产"的国家，有如此好的发展，确实令人敬佩。
中国品牌都去哪儿了？	中国的国土面积接近韩国的100倍，GDP位列全球第二，但在这个榜单上中国品牌连1个都没有。近些年，虽然华为偶尔上榜，但比较靠后。

榜单解读…

福布斯全球最具价值品牌排行榜，从另外一个角度看，也能看出很多问题和变化。

苹果一枝独秀	苹果连续6年位居榜首。为什么自从乔布斯去世之后，苹果公司没有推出一款像样的产品，却仍然位居榜首？这个问题值得思考。
曾经的榜样退位	曾经位居TOP10里的诺基亚消失了，奔驰和惠普也退居到靠后的位置了。尤其，奔驰被宝马赶超，从品牌的角度给向我们传递了很多值得思考的话题。
互联网企业上位	谷歌、微软、Facebook、IBM、亚马逊等与互联网息息相关的企业表现出强劲的发展势头，向我们证明一个新时代正在到来。
奢侈品品牌上榜	LV、爱马仕、卡地亚、PRADA、香奈儿等奢侈品上榜，而且位次越来越靠前，告诉我们消费升级的到来，也告诉我们消费趋势正在经历从理性向感性转变。
快时尚品牌活跃	ZARA、H&M、优衣库等快时尚品牌活跃在榜单上，与奢侈品形成对立面，同样告诉我们：市场的两端永远可以创建品牌。

第一个结论

“行业大、品牌小”是一个国家经济脆弱的表现。

中国经济靠什么崛起？

出口？投资？消费？

2009年以前，我国的经济发展，更多依赖出口。2009年爆发金融危机以后，出口受重创，不得不依靠投资。然而，未来我国经济的崛起，应该要依靠消费。因为，第一、由于国际社会新型贸易保护主义的抬头，出口将变得更加艰难，而且历史已经证明出口不能成为一个国家经济崛起的核心动力；第二、近几年的投资拉动带来的种种问题也证明，未来经济不能单靠投资来拉动。

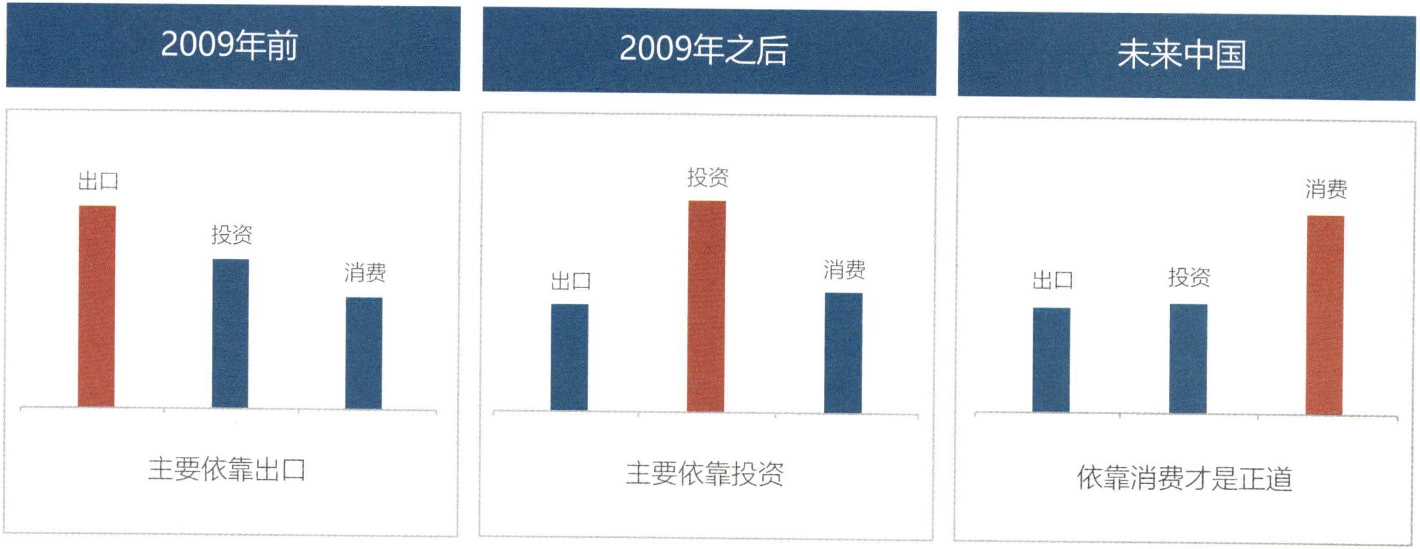

美国经济带给我们的启示

美国经济的崛起，"消费"功不可没，原因在哪里？下面两个数据给了我们答案。论经营规模（下图左），在世界500强企业排行榜中美国企业入选100多家，占1/4以上的比重；论品牌价值（下图右），美国品牌也占领全球最具价值品牌TOP100的一半以上。这两个数据告诉我们：美国经济崛起的根源在于一大批企业和品牌的崛起。逻辑是：品牌带动了消费，消费带动了经济。

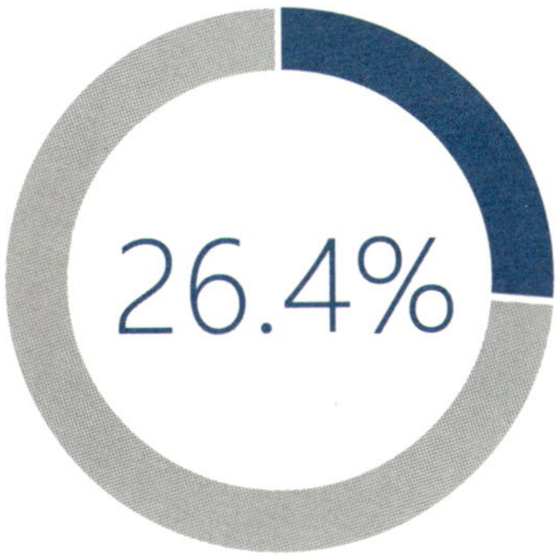

2016年世界500强企业排行榜，美国企业入选132家，占26.4%的比重。

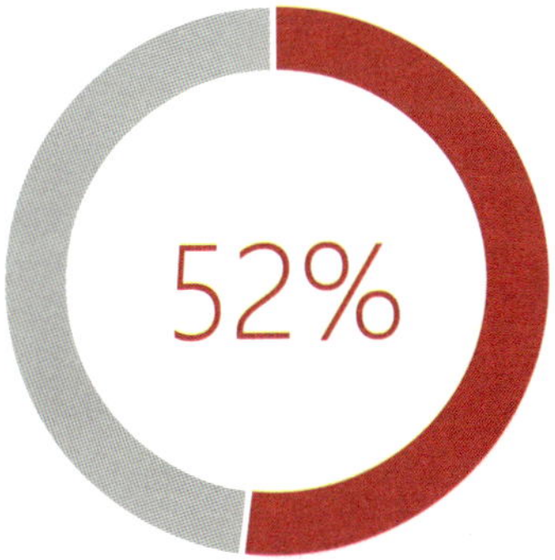

2016年全球最具价值品牌TOP100排行榜，美国品牌入选52个，占到半壁江山。

第二个结论

中国经济的崛起要靠消费的崛起

消费的崛起根源在于品牌的崛起

市场真的是残酷的吗？

一个真实的故事

马云坎坷的创业经历

- 1982年，18岁的马云第一次高考失败，先后当过秘书、做过搬运工；
- 1983年，第二次高考失利；
- 1984年，勉强考入杭州师范学院；
- 1988年，24岁的马云大学毕业后进入杭州电子科技大学当英语老师；
- 1995年，辞去大学教师工作；
- 1995年4月，投入7000元，又联合妹妹、妹夫、父母等亲戚凑了两万元，创建了"海博网络"，做"中国黄页"；
- 1996年，32岁的马云艰难地推广自己的"中国黄页"，在很多没有互联网的城市，马云曾被称为"骗子"；
- 1996年3月，试图与杭州电信合作，但后来因经营观念不同，和杭州电信分道扬镳，放弃了自己的中国黄页，第一次创业失败；
- 1997年，加盟外经贸部新成立的公司中国国际电子商务中心（EDI），由马云组建、管理，马云占30%的股份，参与开发了外经贸部的官方站点以及后来的网上中国商品交易市场；
- 1999年，受够了在政府企业做事条条框框的束缚、磕绊与畏首畏尾，决心回杭州创业，第二次创业失败；
- 1999年2月，在杭州马云的家中召开第一次全体会议，正式开启了阿里巴巴的创业历史。

信息来源：百度知道

一个真实的故事…

今天的阿里巴巴

- 3.4万名员工>雅虎+Facebook员工总数；
- 中国超过60%的包裹快递来自阿里巴巴旗下网站；
- 800万卖家依托阿里巴巴为顾客提供服务；
- 每秒钟14万笔的交易峰值；
- 1个天猫相当于4个京东；
- 1个淘宝体量是京东的9倍；
- 蚂蚁金服一家公司的市值就相当于整个百度；
- 全球市值第八大公司，超过了沃尔玛和IBM。

数据更新：截止2016年12月

第三个结论

市场上只有爱情法则

你若强大，春暖花开
你若弱小，痛苦如海

未来的生存法则

征服或屈服

未来，要么你去"打劫"别人，要么等着被别人"打劫"；
未来，要么你去主动革命，要么等着被别人"割"命；
未来，"黑天鹅"无处不在，你不去征服，就只能屈服。

品牌
征服

品牌征服

第一章

传统已死

未来什么样的企业才能活下来？

未来只有两种企业能活下来：拥有专家型品牌的企业和强大的平台企业。

品牌
征服

时代的变迁

曾经的伟大企业怎么了？

20年前，哪怕在10年前，有两家企业都还是全球企业学习的榜样。即：惠普和索尼。惠普是"人性化管理"的典范，而索尼是"绩效管理"的代表。然而，近10年，这两家企业却失去了往日的风采，经营乏力、利润下降，尤其从2011年开始，两家企业的业绩均呈现下滑趋势，截至2015年，惠普营收不足苹果的1/2，索尼营收不足苹果的1/3。这不得不让人感叹：曾经的伟大企业到底怎么了？

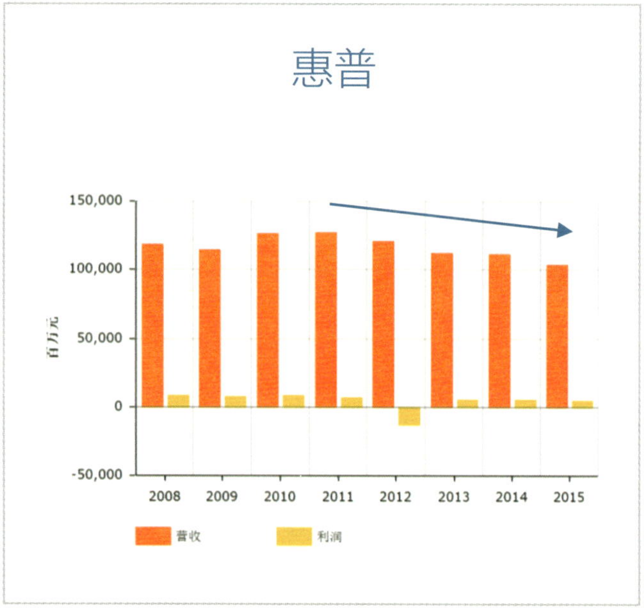

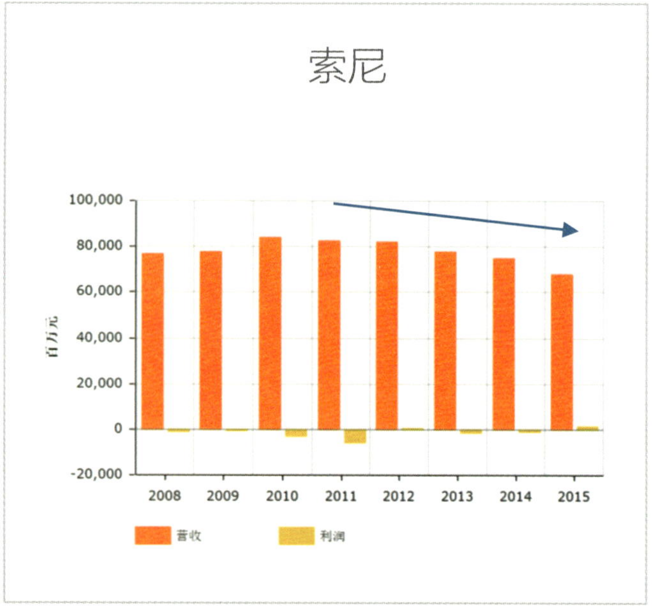

信息来源：财富中国

时代交替的代价

其实，很多人都在研究惠普和索尼，并对他们指手画脚，品头论足。有些说得有道理，有些说得却没什么道理。不过，有一点可以肯定：惠普和索尼的下滑，绝对不是个案，近10年像他们一样走向业绩下滑的公司数不胜数。只是，惠普和索尼过去太成功了，太辉煌了，所以被人们更多关注而已。未来走向衰落和死亡的公司会更多。原因不在于这些公司是否优秀或伟大，而在于：

一个全新时代到来的时候，总是会诞生一批新企业，终结一批老企业。

互联网时代还能持续多久？

几乎在全球范围，大家公认的一点是过去的"工业经济时代"已经被"互联网时代"所取代。Facebook、谷歌、小米、腾讯这样的互联网企业的崛起，确实证明了这一点。然而，通过这几年"互联网思维"这个概念的兴起和衰退，我也产生了一个疑问：互联网时代到底能持续多久？

小米 / 华为

互联网思维 非互联网思维

前几年，小米提出"互联网思维"的概念，引起了轰动。甚至有一段时间，大家好像不提"互联网思维"这个词，就没脸开口说话。从概念的角度，这是一个成功之举。

然而，新时代的代表小米正在高歌猛进的时候，半路突然杀出一个华为，在智能手机领域打败小米，一举成为中国手机市场的销量冠军。这对小米而言多少有些"打脸"。因为，华为不是互联网企业，更不标榜"互联网思维"。不过，这还不算什么，更糟糕的是，还有两个名不见经传的小弟弟"OPPO"和"VIVO"在销量上也都超过了小米，用传统的"人海战术"打败了小米的"互联网思维"，让小米实在无地自容。后来，雷军出来说了很多反思的话，也充分说明了这一点。

那么，这个案例说明了什么？我认为，至少说明两点：第一、在一个新的时代，传统企业未必都是死路一条，只要敢于创新，也能重获新生；第二、互联网时代是一个真正新时代的前奏，而"互联网思维"只是这个前奏的泡沫而已。

到底谁才是未来？

如果"互联网时代"仅仅是一个全新时代的前奏，那么那个全新时代到底应该叫什么？我曾想过很多名字，但后来还是选择了"大互联时代"这个名字。因为，这个时代不能完全依托互联网，比互联网更厉害的物联网即将到来，还有现在非常热门的人工智能、3D打印、大数据、云计算、虚拟现实等技术将继续升级并得到成熟应用。在这个时代，创新决定出路，而任何技术都只是工具或基础建设。

亚马逊智能商店诞生的启示

2017年初，亚马逊推出了"amazon go"智能商店的视频，并承诺在不久的将来会正式开业。这个商店没有售货员、没有结账台，顾客进店想买的东西直接放进购物袋里拿走就行，不用排队。

店里有无数个摄像头和传感器跟踪着你，当你进店的时候，用手机在门口刷一下就可以，离开的时候，你买的东西本店会自动从你的账户上结算金额。

这个视频发布后，引起了巨大反响，有人赞叹，有人怀疑，议论纷纷。然而，我认为，这才是我们真正的未来，一个全新时代的开始。在这个时代，不是实体店必须灭亡，不是传统企业必须出局，而是重生。无论你是传统企业，还是互联网企业，只要创新，就能重生，就能继续生存和发展。这就是我心目中的"大互联时代"。

定义大互联时代

大互联时代，
不是大家所熟知的互联网时代，
更不是向工业经济时代的回归。
它是“互联网泡沫”破灭后的全新经济时代，
是以认知为基础的、使命为导向的、所有技术为手段的，
传承与创新融为一体的，
产业智能时代，也是生态经济时代。

大互联时代≠互联网时代

大互联时代与互联网时代和工业经济时代有什么不同？我认为，最大的不同在于思维方式的不同，尤其，互联网时代和大互联时代在很多方面有相似之处，但是在思维方式上可以说截然不同。下面，我们就用简单的表格对比一下它们三者之间的区别：

	工业经济时代	互联网时代	大互联时代
思维特征	产品思维，技术导向 视顾客为“上帝”（仰视）	流量思维，用户导向 视顾客为“粉丝”（俯视）	认知思维，使命导向 视顾客为“亲人”（平视）
技术特征	注重专利技术，认为“核心技术就是核心竞争力”	注重互联网技术，认为“互联网技术就是核心竞争力”	注重智能技术，认为“互联网在内的一切新技术只是工具”
产品特征	注重品质，提倡“性价比”，强调功能	注重“痛点”，找“风口”，做“爆品”，强调快速迭代	注重共鸣，成为顾客的生活方式，强调以用户的幸福感为己任
业态特征	线上、线下互不相干，各做各的	强调“互联网+”，迷恋“O2O”	线上线下一体化，从“传递价值”向“创造价值”转变的新型智能业态
传播特征	名气为王，提倡权威媒体、明星代言，广告轰炸	口碑为王，提倡自媒体、标题党，概率营销	共鸣为王，不管什么媒体，强调参与互动，体验营销
模式特征	核心技术为依托，价值链为核心，重资产为主，占山为王	互联网技术为依托，免费做入口，提倡轻资产，初步共享	商业生态系统为依托，传承与创新相结合，轻重结合，共建共享
思想倾向	肯定（我们成功，所以我们是对的）	否定（工业经济时代的一切都是过时的，都该扔掉）	否定之否定（传承过去该传承的，创新现在该创新的）
代表企业	惠普、索尼、宝洁、诺基亚、摩托罗拉、海尔、格力	小米、腾讯、百度、滴滴、凡客诚品、黄太吉	苹果、特斯拉、亚马逊、IBM、阿里巴巴、华为

大互联时代的十大关键词

互联网时代的关键词是"流量"、"免费"、"风口"、"痛点"、"爆品"、"粉丝"、"口碑"、"参与"、"极致"、"迭代"等。那么，大互联时代的关键词是什么呢？我认为，大互联时代至少会出现以下十大关键词，这些关键词有些与"互联网时代"一致，但大部分还是不一致的。对企业而言，重要的不是如何对比这两个时代关键词的区别，而是如何掌握这些词汇背后的商业逻辑和应对方法。

1-小众

市场正在从"大众"转向"小众"，未来"小鱼"反过来吃"大鱼"

2-数据

未来，"得数据者得天下"，谁拥有大数据，谁胜出的概率就大

3-认知

未来是"认知"当道的时代，企业将争夺的第一资源是顾客的认知

4-新品类

爆品不足以代表未来，以认知为基础的品类创新才是出路

5-亲人

视顾客为亲人，而非粉丝，"为亲人而极致"才是"极致"的终极定义

6-共鸣

参与和体验都是过程，共鸣才是目的，营销战场从左脑转到右脑

7-生活方式

要想占有顾客的时间，最好的方法是要成为顾客的生活方式

8-生态

未来的竞争是生态系统的竞争，"专业化+生态化"是关键

9-使命

真正懂得"使命"的含义并坚守的企业将真正实现基业长青

10-创新

学习型组织已经过时了，未来企业需要建立创新型组织

大互联时代的八大陨落

大互联时代的八大陨落

"通才"战略

成本主义

"跟随"战略

渠道主义

"更好"战略

烧钱主义

"老二"战略

经验主义

八大陨落-1

“通才”战略的陨落

松下、三菱、东芝、雅马哈、铃木、理光、富士、日立、卡西欧、美能达、施乐……

让我们回顾一下他们在20年前的辉煌，再看看他们的现状，答案自然就会揭晓。

20年前，这些品牌都是成功的典范，并造就了所谓的“日本模式”，被中国企业纷纷效仿。

然而，现在，由于它们多元化过度、品牌延伸过度，丧失了竞争优势，经营状况江河日下，多数品牌徘徊在亏损或倒闭的边缘。

这是时代变迁的结果，而不是他们不够勤奋。在大互联时代，真正经得起考验的是“专家型”品牌，而不是“通才”品牌。那些“我为人人，人人为我”的通才战略已经没有生存空间。

我们在前面提到的惠普和索尼，能否重生？我认为，可以重生。但前提是必须“断臂求生”。也就是说，必须砍掉非核心业务，聚焦一个行业，并开创新品类，成为这个品类的专家型品牌，才能得以重生。

八大陨落-2

“跟随”战略的陨落

前些年，在中国大地上风行一时的“山寨”产品，是“跟随”战略的巅峰之作，不仅扰乱了市场秩序，还伤害了大众消费者。

不过，在大互联时代，这种“Me too”产品已经结束了生命，在市场夹缝里生存的企业相继倒闭，市场的准入门槛变得越来越高，随随便便成功的几率变得越来越低。

过去，跟随是最省事、最安全的一条路，觉得在跟随中创新，还有机会赢。

但是在未来，跟随是一条死路，谁走跟随的道路，谁就是用自己的死亡成就别人的辉煌。

八大陨落-3

“更好”战略的陨落

10年前，联合利华扬言，“清扬”要在3年内“干掉”海飞丝，成为中国“去屑洗发水”的第一品牌。

记得，当时的电视广告也颇具攻击性，聘请小S做形象代言人，广告语大致是：要是有人接二连三地欺骗你，你会怎么办？甩了他。

然而，时至今日，10年的时间已经过去了，清扬的市场份额超越海飞丝了吗？没有。

清扬还是原来的清扬，海飞丝还是原来的海飞丝，市场格局并没有因为清扬的挑战而改变。“更好”战略根本不起作用。

在大互联时代，“更好”更是灾难。因为，在这个时代，产品的迭代周期更短了，当你好不容易做到比对手“更好”的时候，对手只要通过一次迭代，就可以让你的那点优势荡然无存。

八大陨落-4

“老二”战略的陨落

有可口可乐，就有百事可乐；有麦当劳，就有肯德基；有耐克，就有阿迪达斯……

在传统经济条件下，“老二”战略是一个成功的战略。当你做不到“老大”的时候，可以考虑做一个品类的“老二”。但是，在大互联时代，“老二”战略会陨落。

以前，优酷是老大，土豆是老二，但后来优酷收购了土豆；

以前，携程是老大，去哪儿是老二，但后来携程收购了去哪儿；

以前，滴滴是老大，UBER是老二（在中国），但后来滴滴收购了UBER（中国业务）……

将来，这种故事会继续上演，而且还会从互联网行业蔓延到传统行业，顾客将更加追捧市场“老大”，而“老二”面临的命运是：要么变革、要么消失，别无选择。

八大陨落-5

成本主义的陨落

三鹿奶粉的"三聚氰胺"事件就是典型的在"低成本"导向下的"质量问题"悲剧，已经众所周知。

比起三鹿，状态略好的品牌是奇瑞汽车，截至目前至少没有发生给企业带来灭顶之灾的质量案件。

然而，奇瑞汽车的盈利状况却不堪入目，连续几年亏损，曾经算是"国车"级别的"奇瑞QQ"也风光不再，整个公司的经营举步维艰。

还有，曾经的格兰仕、神舟电脑、吉利汽车，都是成本主义的产物，虽然辉煌一时，却好景不长。

这些活生生的案例告诉我们什么?

告诉我们：在大互联时代，成本主义已经走到了尽头，未来的竞争焦点不是"降低成本"，而是"提高成本"。

八大陨落-6

渠道主义的陨落

早在2008年，我跟一位曾经给李宁做过咨询的顾问聊天，他当时非常自豪地跟我说：李宁成功的关键要素，其实只有一个：开店，开店，不断地开店。

当时，我就想：原来，把李宁拖入泥潭的人就是你呀。

紧接着，2009年到2012年的3年时间里，我们看到李宁关店的消息，具有关报道，至少关掉了2000家店。

这个案例又告诉我们什么？

告诉我们：把自己的命运交给"渠道"的企业是危险的。"得渠道者得天下"这句话，10年前也许是对的，但现在显然是错误的，在未来更是站不住脚了。

在大互联时代，竞争的焦点不再是你的渠道是否足够好，而是你的品牌是否足够让人尖叫。

八大陨落-7

烧钱主义的陨落

貌似中国最不缺钱的恒大集团推出恒大冰泉，试图在矿泉水品类中占领一席之地。

恒大的信心来源其实非常明显：有钱。他们认为，只要有足够的钱去“烧”，就没有什么做不起来的市场。

然而，2016年9月份，恒大以18亿出售“恒大冰泉”，一个试图通过“烧钱”创造成功的项目正式落幕。

在传统经济时代，我们确实看到不少企业是通过“烧钱”发展起来的，包括雀巢咖啡、和路雪等国际品牌，在中国至少烧钱烧够5年，甚至10年，才开始盈利。

在互联网时代，也有不少企业通过“烧钱”发展起来的，比如曾经的阿里巴巴及近期的京东等。

但是，在大互联时代，烧钱主义已经不管用了，就算你再有钱，有钱到富可敌国，只要你违反了市场规律和发展法则，同样会以失败告终，“烧钱”烧到一定程度就能赢的几率已经不存在了。

八大陨落-8

经验主义的陨落

现在，像希拉里一样，过于相信自己的经验而倒下的企业也越来越多了。

蒙牛在近5年里，与伊利的差距越来越大，截止到2016年底，伊利的营业总额已经突破600亿，而蒙牛则不足500亿。曾经力压伊利的蒙牛，为什么会有这样的表现？

罪魁祸首就是经验主义。那些素质超群、经验丰富的"可乐帮"上位之后，过于依赖他们在可口可乐所积累的经验，结果不但没能打败伊利，反而拉大了与伊利的差距。没有倒下已经是万幸。

今天，一个毫无经验的特朗普当选美国总统，告诉全世界：经验主义已经陨落，未来的世界需要创新、需要想象、需要颠覆，而不是用昨天的经验来做明天的事情。

在大互联时代，再好的经验也比不过大数据，再准的判断也比不过云计算，再多的勤奋也比不过人工智能。因此，在这个时代，我们需要扔掉自己脑子里的旧知识、旧思维、旧观念，要重构一套全新的理论体系和实战手法。

消费的变迁

市场需求大爆炸

大互联时代，是市场需求大爆炸的时代，多数人多年来被压抑的个性化需求彻底被释放，导致市场需求从大众化转向小众化，曾经的"主流市场"规模进一步缩小，次主流市场和非主流市场的规模变大。更值得注意的是，在大互联时代，除了非主流市场的规模变大以外，还出现了"个人市场"，需要完全"一对一"的个性化定制。这不得不让我们重新思考营销模式。

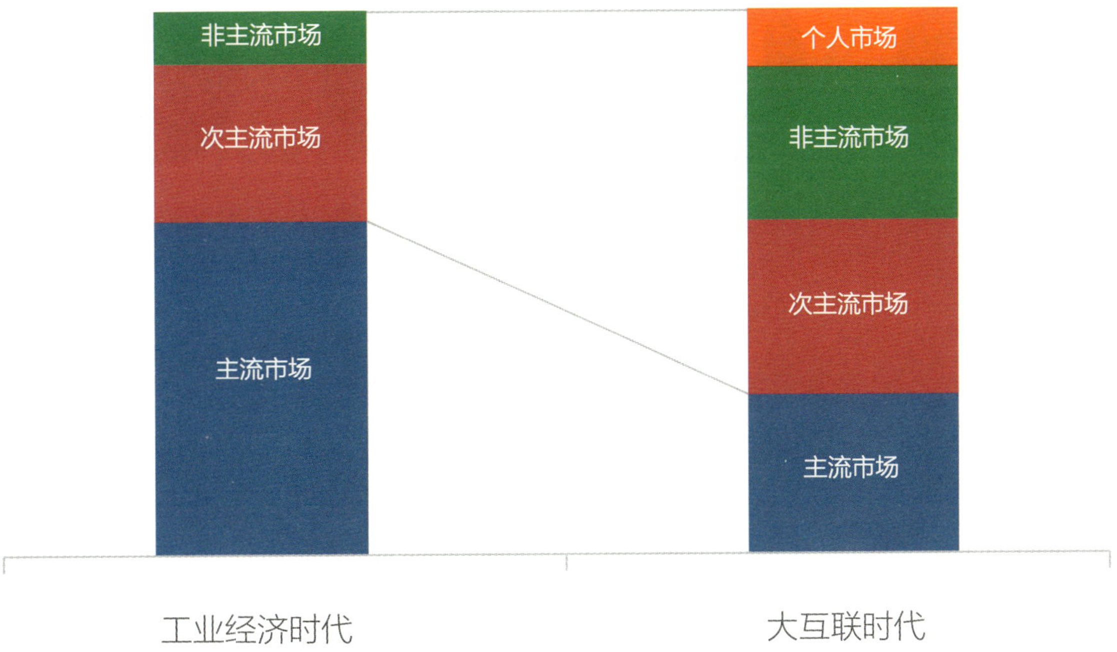

大互联时代的“四大消费崛起”

需求分化加剧 ↓ **个性消费崛起**

信息对称加剧 ↓ **契约消费崛起**

选择过剩加剧 ↓ **感性消费崛起**

生活节奏加剧 ↓ **符号消费崛起**

未来，什么样的企业才能活下来？

两组案例带给我们的启示

第一组：海尔与格力

海尔	格力
海尔过去的32年，复制日本企业的老路，走"多元化"的道路，涉足数十个行业。 然而，遗憾的是，虽然通过32年的发展，将营业额做到1000亿以上，但净利率只有4.5%左右。这还是改革后的业绩。	格力一直以来高度聚焦空调，走"专业化"道路，27年基本就干了一件事情。 27年后的今天，格力的业务规模也突破了1000亿，但净利率却高达14%左右，相当于海尔利润的3倍。

信息来源：中国企业家杂志

两组案例带给我们的启示...

第一组：海尔与格力...

海尔过去的32年，告诉我们“多元化”没有出路；

格力过去的27年，告诉我们“专业化”才是王道。

两组案例带给我们的启示...

第二组：诺基亚与苹果

NOKIA

虽然诺基亚是专业化品牌，聚焦做手机，却仍然输了。
主要原因就在于，将键盘手机的品牌延伸到智能手机，而且没有及时开放自己的平台，试图自己开发所有软件。

苹果聪明的举措是，把自己的iOS系统开放给全球40多万家软件商，把自己的手机做成一个平台。
一部接近完美的好手机，加上无穷无尽的应用软件，是苹果打败诺基亚的关键所在。

两组案例带给我们的启示...

第二组：诺基亚与苹果...

曾经的手机老大诺基亚的倒下及苹果的崛起，告诉我们：

单打独斗的时代已经结束，共享共赢的新时代正在到来。

未来什么样的企业才能活下来？

根据以上两组实际案例以及大互联时代的8大陨落和消费变迁，我们可以得出这样的结论，未来只有以下两种企业能活下来：

拥有专家型品牌的企业和强大的平台企业

专家型品牌，活下来的理由比较简单，因为它是在一个品类或一种价值上最好的品牌，只要你想买最好的，就别无选择。就像华为，在通讯工程服务上做到全球最好，你想找最好的，就只能选择华为。

平台企业，生存的难度比专家型品牌要大。因为，平台企业不仅要成为某种价值的代名词，还要成为顾客的生活方式。平台企业只有成为顾客的生活方式，才能真正活下去。就像携程，已经成为出差人士的生活方式，现在很多人出差，无论订票、订酒店，都离不开携程，携程已经成为当代人出行的生活方式了。其实，在这一点上，专家型品牌也需要向平台企业学习，要努力成为顾客的生活方式。

一个疑问？

宝洁拥有那么多专家型品牌，为何业绩还是下滑？

宝洁衰落的原因

专家型品牌少了	不断稀释定位	品类创新乏力	平台化转型迟缓
宝洁公司业绩下滑的主要原因是专家型品牌少了，而不是多了。 大互联时代，不是"大鱼吃小鱼"，而是"小鱼吃大鱼"。因为，主流市场不断萎缩，"大众消费"正在走向"小众消费"。但是宝洁公司对此市场变迁反应迟钝，根本没有推出更加符合小众市场的专家型品牌。	从宝洁公司近几年的营销战略上看，对现有的品牌只是做了一些修修补补，不断增加功能，调整配方，各大品牌在卖点上互相渗透，互相打架，最后都变得很相似。 这种做法，无疑稀释了定位，冲淡了认知，业绩不下滑才怪。	宝洁公司近10年间，几乎没有推出一个新品类，这是致命的。 在此需求爆炸的时代、个人市场快速崛起的时代、产品和技术快速迭代的时代，一个公司居然10年不开创一个新品类，业绩下滑、公司衰落，也就不太出乎意料了。	宝洁最该学习海尔，把自己往"平台化"方向改造。但是，宝洁与海尔的不同点在于：在海尔，张瑞敏可以说改革就能改革；但在宝洁呢？任何一个CEO都没有那么大的权力。所以，再好的改革方案在宝洁得到落实都很难。这就是宝洁衰落的根源。

品牌
征服

第二章

生存革命

伟大品牌的六维设计

一个人有了使命，才会把顾客和亲人一视同仁，以送给亲人的标准做最好的产品。

重新认识使命

乔布斯毕生追随的一页纸

从《乔布斯传》中可以看到乔布斯的管理哲学主要来自于苹果三个创始人之一的迈克·马库拉。

马库拉把自己的管理哲学写了一页纸给乔布斯，主要是企业的使命和苹果营销三原则。

马库拉说："你永远不该怀着赚钱的目的去创办一家公司。你的目标应该是做出让你自己深信不疑的产品，创办一家生命力很强的公司。"

后来，乔布斯用他的一生去实践这个使命，书写了苹果的传奇，不但把连续11年亏损的苹果公司扭亏为盈，而且将市值做到了全球第一。苹果在乔布斯时代所创造的商业奇迹，至今无人能超越。

利益导向，还是使命导向？

乔布斯分析苹果的iPod为什么成功，而微软的zune为什么失败时说："随着年龄的增长，我越发懂得'动机'的重要性。Zune是一个败笔，因为微软公司的人并不像我们这样热爱音乐和艺术。我们赢了，是因为我们发自内心地热爱音乐。我们做iPod是为自己。当你真正为自己、为好朋友或家人做事情时，你就不会轻易放弃。但如果你不热爱这件事情，那么你就不会多走一步，也不情愿在周末加班，只会安于现状。"

信息来源："国企杂志"微信公众号

使命的定义

使命是什么？当你用百度引擎搜索的时候会发现，有很多不同的解释，诸如：使命就是命令，使命就是责任，使命就是目标等等。其实，这些解释都不能成为"使命"的正确答案。那么，使命到底是什么呢？其实，乔布斯已经给出了一个完整的解答。

使命=与钱无关的动机+与钱有关的底线

一个真正的"使命"应该由两部分组成：与钱无关的动机和与钱有关的底线。在使命的含义中，这两个因素各占50%。

与钱无关的动机，是指当你做一份事业的时候，哪怕你赚不到钱都要做的动机是什么。比如，乔布斯做iPod的动机不是为了钱，而是因为他和他的团队真正热爱音乐。所以，微软的"zune"不是他的对手。

与钱有关的底线，是指当你的利益遭受损失的时候，或者当你遇到利益诱惑的时候，你能坚守的底线在哪里。比如，当苹果公司经营最艰难的时候，乔布斯也没有以妥协品质、降低价格的方式来赚钱，苹果的产品仍然保持同行业品质最高、价格最贵。

因此，当一个与钱无关的动机和与钱有关的底线融为一体的时候，一个真正伟大的使命才会形成。

使命的力量

使命铸就伟大

桂林山水和云南石林是新中国成立以来最具影响力的两大景区。尤其，桂林山水深得周总理的青睐，还上了人民币的背面。但是，经历岁月的沧桑，今天的桂林山水却走向没落，而石林仍然屹立不倒。

因为，这两个景区的发展模式不同：桂林山水把多数景区承包给个体户，个体户只想赚钱，不想发展，更不会维护景区环境，时间长了，游客的体验只能越来越差；而石林却一直保持企业化运作，不断投资配套设施，向国际化旅游景区靠拢，没有只想眼前利益，结果就是越来越好。

这就是有使命与没有使命的差距。在足够长的时间里，有使命的企业和个人终究会胜出，而把钱看得过重的企业和个人必将会淘汰。

有德，穷不久；无德，富不长。虽然乔布斯去世了，但他的思想仍然属于未来。

大互联时代，是近乎透明的时代、认知当道的时代、竞争残酷的时代。在这个时代，信誉比黄金重要，信心比白金重要，信仰比钻石重要。坚守使命，创造奇迹；唯利是图，一败涂地。

因此，在这个时代，真正的生存法则是在企业的账本上要做到：

“使命>利益”

我们未来的出路

通过长时间的研究，我发现：在大互联时代，要想有所成就，在我们面前的出路只有两条：专家或领袖。专家靠智商，领袖靠情商。但无论我们走哪条路，使命都是我们的终极引擎。任正非曾经讲过这样一句话：“回到本源，磨好豆腐，给爹娘吃，给孩子吃”。在这个时代，只有这种心怀使命感的人才能活下去，只有把顾客当成“亲人”的企业才能活下去。

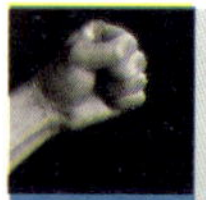

要么做
有使命感的
专家

要么做
有使命感的
领袖

非专家，必灭亡！

未来，什么人会被淘汰？什么企业会没落？我认为：非专家，必灭亡。因为，在“领袖”的道路上，成功的人毕竟是少数。一个人也好，一家企业也罢，更大的成功可能性在于成为一个领域的专家，而且要做到别人难以超越的专家。就像，袁隆平是水稻专家，郎朗是钢琴演奏专家，格力是空调专家，华为是通讯工程服务专家。如果做不到“专家”，你的命运将会很危险。

凡客诚品，本应该有机会成为中国的“ZARA”或优衣库，但经历一番热闹之后就衰落了。虽然他们开展的“我是凡客”系列广告宣传活动迄今让人记忆犹新，但这并不能挽回凡客衰落的命运。

因为，凡客始终没有认真去做过一件产品，没有一件产品能够拿得出手。

作为品牌，只管炒作，不管产品，不能成为一个品类的“专家”，怎么可能成功呢？

因此，凡客的教训告诉我们：不能成为一个品类的专家，聘请再多的明星来代言也没用，“互联网思维”的旗帜举得再高也没用。因为，不是所有的企业搭上“互联网”的船就都能成功。

不创新，必灭亡！

未来，成为“专家”是出路。但是，成了“专家”以后不再创新，同样会灭亡。诺基亚的没落、惠普和索尼的困境就是证明。所以，无论你是谁，要想在大互联时代生存下去，就必须创新，通过创新获得重生的机会。下面列出的这8个品牌，是本书所认可的，他们中有些是百年老店（可口可乐、IBM），有些是新新人类（特斯拉），但他们有个共同的特征就是持续创新。

重新定义品牌

品牌战略的使命

在大互联时代，品牌战略将成为企业第一战略，为企业的崛起负责。因此，企业必须认清品牌战略的使命是什么。不少企业以前普遍认为的"打造知名度"、"提高美誉度"、"美化视觉形象"等使命已被淘汰，未来的品牌战略真正要肩负的使命是：

成就专家型品牌

成就专家型品牌，是时代的需要、趋势的需要。谁认识得早，谁的机会就多；谁行动得快，谁的把握就大。

在企业里，品牌战略的使命不再是传播部的使命、设计师的使命，也不再是营销部门的使命，它将是企业全体员工的使命，所有部门的使命。

我们的企业，尤其是中国民营企业，不能再停留在老思想、老观念，要认清时代的变化，掌握竞争的焦点，正确理解工匠精神，着眼于全球，着手于局部，以足够的聚焦和专注、以足够的创新和变革，成就一个或若干个专家型品牌，才会有真正的未来。

品牌到底是什么？

品牌不是承诺，不是信任，
更不是知名度或驰名商标。
未来的品牌就是专家级的优势认知，
是在目标顾客心智中能够代表一个品类的代名词，
是一个难以替代的价值标签，
也是具有鲜明的个性、独特的风格，
并时刻焕发生命活力的人心吸铁石。

专家型品牌的四大构成要素

专家型品牌

代表品类

回答"你是谁？"

品牌要在顾客的心智中引领或代表一个品类，并通过多年的聚焦和营销成为这个品类的代名词。

如：可口可乐是谁？是可乐；iPhone是谁？是智能手机；特斯拉又是谁？是豪华电动跑车。

定位明确

回答"有何不同？"

品牌要在顾客心智中建立一个独特而明确的价值认知，并通过强化此认知推动品类的发展。

如：宝马的不同是"驾驶乐趣"，红牛的不同是"缓解疲劳"，海飞丝的不同是专注"去屑"，飘柔的不同是让头发"柔顺"。

个性鲜明

回答"什么风格？"

品牌要在顾客的右脑里建立一个与众不同的感觉和风格，并向视觉、听觉、触觉，甚至向味觉和嗅觉输出，让顾客强烈地感受到你的风格，从而强化品牌定位。

如：苹果的风格是极致简约，万宝路的风格是粗犷的西部牛仔。

焕发活力

回答"实力如何？"

品牌和商标的区别在于，品牌是有温度的、有生命的，而商标却没有。因此，品牌必须要时刻焕发活力，通过各项活动向世人证明你还活着，而且实力非同一般。

如：华为常常通过公布突出的成绩来证明华为还活着，而且很牛。

品牌战略是什么？

品牌战略，
是在目标顾客的心智中创建专家型品牌的规划行为；
是围绕顾客需求，有效组织企业资源，
坚守使命，聚焦认知，持续创新，把握节奏，
为品牌搭建一套独特商业生态系统的执行体系。
说得通俗一点，
品牌战略就是“征服”的学问、成就“市场老大”的学问。

伟大品牌的六维设计

六维设计模块

六维设计内容

品类设计 →	品牌设计 →	视觉设计 →	模式设计 →	产品设计 →	传播设计
创新机会提炼	品牌定位	LOGO设计	价值提供方式	主打产品设计	公关策略
新品类定义	定位概念化	标准色设计	资源整合方式	辅助产品设计	借势营销
伪品类识别	品牌个性	辅助图形设计	实现盈利方式	价格系统设计	广告策略
需求嫁接	品牌命名	标准字体设计		包装系列设计	口碑传播
新品类命名		包装风格及产品造型设计		3D建模	主题促销
		应用系统延展设计			

第三章

品类设计

解决竞争的根源问题

中国品牌的出路，不在于守着老品类做“爆品”，而在于换个方向开创新品类。

心智与品类

品类是什么？

每个人的心智里，
都有很多“储物柜”。
顾客会把相似的产品信息进行归类，
并储存在这些“储物柜”里，
如果这些“储物柜”被命名，
就是我们所指的“品类”。
也就是说，
品类是顾客心智里的概念，
而非企业产品分类方法。

心智的表达方式

“我想买宝马”

为什么不买奔驰？

其实，他想买的是打算自己开的豪华轿车，没打算坐后排。

“我想吃哈根达斯”

为什么不吃和路雪？

其实，他想吃的是配料天然的、代表身份和爱情的高档冰淇淋。

“我想买雷达”

为什么不买劳力士？

其实，他想买的是外观极致简约的高档手表。

结论

顾客总是用品类思考，用品牌表达。*

注：上面的结论是由美国定位之父艾·里斯在全球范围第一个提出的，我十分认同，因此在这里直接借用，特此说明。

心智“储物柜”的限度

无序竞争阶段	有序竞争阶段	垄断竞争阶段
1-7个	3个	1-2个
当一个品类刚刚进入市场的时候，会呈现无序竞争现象。这时，在心智“储物柜”里一般能装进1-7个品牌，具体数量由不同的品类特性来决定。关注度高的品类，容纳得多一些；关注度低的品类，则少一些。另外，购买风险低的品类，容纳得也多一些，相反则少一些。	通过残酷的竞争和淘汰之后，市场会进入有序竞争阶段。这时，心智“储物柜”里的品牌数量也会随之减少，多数品牌被遗忘，最后留下来的品牌不会超过3个。这也是为什么在很多领域出现“三足鼎立”状况的原因。	随着竞争的升级，3个品牌也无法长期共存，最终其中的1个品牌逐渐衰退，只剩下2个品牌，形成寡头垄断格局。更糟糕的是，在大互联时代，可能在人们的心智“储物柜”里，连2个品牌都无法共存，只能容纳一个。这就是这个时代残酷的地方。

竞争的本质

品类亡，品牌也亡

Kodak

柯达，曾经是全球最成功的胶卷品牌。
但是，由于胶卷这个品类的消亡，柯达也破产了。
即便柯达曾经试图做数码相机，也没能远离破产的命运。
因为，在顾客的认知中，柯达只能代表胶卷，而索尼才是数码相机的代名词。所以，索尼可以活下来，而柯达就不行。国内，乐凯的衰退也是这个道理。

msn

微软的MSN，曾经也是最成功的PC端即时通讯品牌，是社会精英人士的标配。
但是，随着移动互联网的发展，MSN也消失了。
原因也一样，PC端的即时通讯是一个品类，你代表这个品类越突出，跟着消亡的几率就越大。腾讯QQ的衰退也是同样的道理。在手机端，人们更愿意使用它的"弟弟"微信，而不是手机版的QQ。

xerox

施乐，同样也是曾经十分成功的品牌，是复印机的代名词。
但是，随着复印机的衰退和打印机的衰落，施乐也陷入了困境，被卖来卖去，已经失去了往日的风采。
实际上，不仅仅是施乐，几乎所有做复印机、打印机和传真机的品牌都难以避免品类衰退带来的厄运。

市场竞争的本质是什么？

市场竞争的本质，是以认知为核心的品类竞争。

疲惫不堪的品类大树

ROLLS
RR
ROYCE
B
BMW
LAND-ROVER
VOLVO
MINI
NISSAN
Ford
FIAT
KIA

现在，无论在哪个行业，
多数品类上都挂满了大品牌。
就像汽车行业一样，
无论低端车型，还是高端车型，
都塞满了国际品牌，
初创企业在这个品类上，
几乎没有任何机会。
原因就是那些大品牌已牢牢占领了一个优势认知，
在顾客的心目中代表着难以撼动的价值。

中国品牌的出路

不要在一棵树上吊死，要大胆开创新品类！

该怎么做？

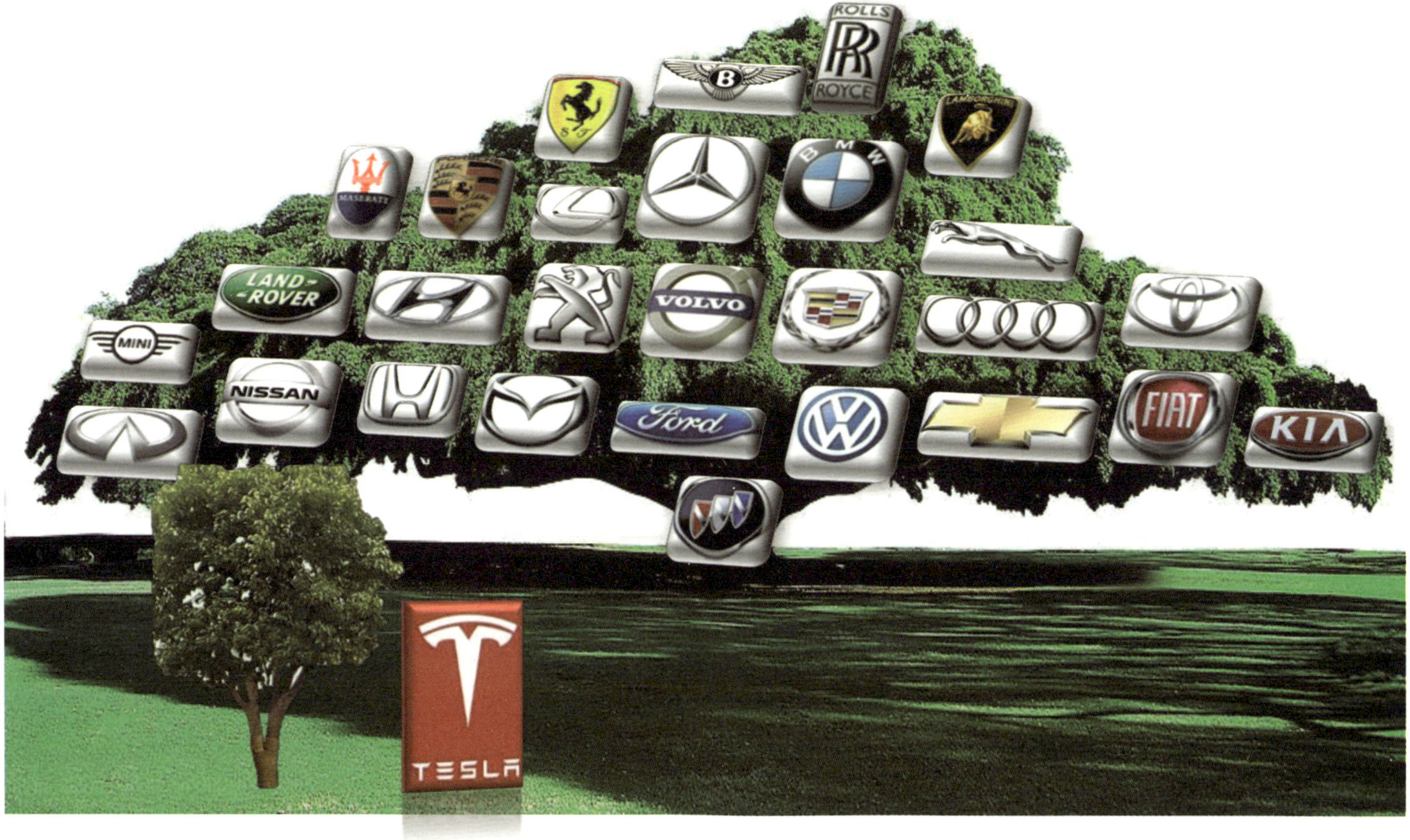
ROLLS
ROYCE
BMW
LAND-ROVER
VOLVO
MINI
NISSAN
Ford
FIAT
KIA
TESLA

我们该向特斯拉学习，

特斯拉进入汽车领域，

远离燃油汽车这个品类大树，

在远处“长”出一棵“新树”：

豪华电动跑车。

由此改变了顾客的认知，

成为这个品类的引领者。

这样做的好处在于：

特斯拉将可以成为电动车领域的奔驰或宝马。

为什么一定要引领新品类？

这是由市场规律决定的，在市场上顾客总是：重视第一，轻视第二，鄙视第三。这个定律，就像魔咒一样笼罩着各行各业，不仅体现在市场占有率上，还体现在利润率上。因此，我们称之为“魔鬼定律”。更糟糕的是，在大互联时代，这个定律将会变得更加恶劣，可能“第二”也将从“轻视”沦落为“鄙视”。

重视第一　　轻视第二　　鄙视第三

魔鬼定律在市场份额上

在美国市场

可乐为例。早在1969年的时候，美国的可乐市场存在3大品牌，但是到了2008年，排名第三的“RC可乐”被淘汰出局，美国的可乐市场就剩下可口可乐和百事可乐，市场占有率加起来超过90%。

品牌	1969年	1992年	2008年
Coca-Cola	60%	45%	58%
PEPSI	25%	40%	38%
RC COLA	6%	3%	

信息来源：艾·里斯《22条商规》及互联网数据查询

魔鬼定律在市场份额上…

在中国市场

常温奶为例。2000年的时候，在中国的常温奶市场上光明还占30%的份额。但是，到2004年，蒙牛超过光明成为老二。到了2008年的时候，蒙牛的常温奶首次超过伊利，成为这个品类的老大，市场份额高达56%，而光明却在这个品类上敌不过蒙牛和伊利，中国常温奶由蒙牛和伊利占据90%以上的份额。

2000年		2004年		2008年	
伊利	60%	伊利	40%	蒙牛	56%
光明	30%	蒙牛	35%	伊利	40%
蒙牛	10%	光明	10%		

信息来源：AC尼尔森历年乳制品行业渠道研究（全国市场）报告

魔鬼定律在利润率上

顾客"重视第一、轻视第二、鄙视第三"也会直接体现在品牌的利润率上。我们对智能手机、运动服、西式快餐、常温奶、平板电视等诸多品类中的老大、老二和老三品牌进行研究后发现，它们的利润率呈现出惊人的"递减规律"（如下表）。就拿运动服品牌为例，当老大品牌的利润率为10%的时候，老二品牌则5%，而老三品牌不足3%，甚至更糟糕。

	利润率递减规律	理想状态	一般状态	糟糕状态
品类老大		20%	10%	5%
品类老二		10%	5%	3%
品类老三		5%	3%	亏损

【何为新品类】

新品类的定义

新品类

新品类，是相对于老品类提出的概念，是借助品类分化机会，在目标顾客心智中创建的，可以与以往品类平起平坐，甚至可以广泛代替的"新物种"。

说得通俗一点：新品类就是顾客心智中的新"储物柜"。

这类"新物种"，可以是"从0到1"的开创；也可以是"从1到N"的分化。

举例来说：

- 【从0到1的开创】"特斯拉"开创的"豪华电动跑车"是"从0到1"的开创，属于全新品类。
- 【从1到N的分化】"苹果"开创的"平板电脑"是在便携式电脑分化的机会上，在顾客心智中创建的新品类，属于"1到N"的分化。

新品类与新产品的区别

区别一：范围不同

新品类肯定是新产品，但新产品不一定都能够成为新品类。新品类的范围比新产品更大。

举例来说：

平板电脑是新品类，但MINI版（小屏幕版）平板电脑只能是新产品。

区别二：竞争不同

新品类可以容纳很多品牌，一起发展规模；而新产品则没有这个能力，它只属于一个品牌。如果它具备容纳其他品牌的能力，引来广泛竞争，同样会成为新品类。

举例来说：

统一开创的"老坛酸菜牛肉面"严格意义上来讲只是一个新产品，但竞争对手跟进，大家把这个产品给炒大了，它自然就变成了新品类。

区别三：分化不同

新品类可以发展诸多新品种和新产品，但新产品很难再往下分化。

举例来说：

"有机奶"可以开发常温有机奶、低温有机奶等新品种，还可以再开发常温低脂有机奶、常温脱脂有机奶等新产品。但常温脱脂有机奶再分化就很难了，就算能分化，也只能从包装上进行区分了。

新品类与新产品的区别...

做个形象的比喻：假如一个行业是一棵大树，新品类就是树上的树枝，而新产品则是树枝上的叶子。

案例分享

近几年，伊利集团在新品类的开创上奋发图强，前后成功开发了低乳糖奶（品牌名为“舒化”）、有机奶（品牌名为“金典”）、谷物奶（品牌名为“谷粒多”）等诸多新品类，为伊利的发展做出很大贡献。不过，在伊利的品类开创中，我本人最欣赏的不是这些品类，而是他们近期推出的“希腊酸奶”。

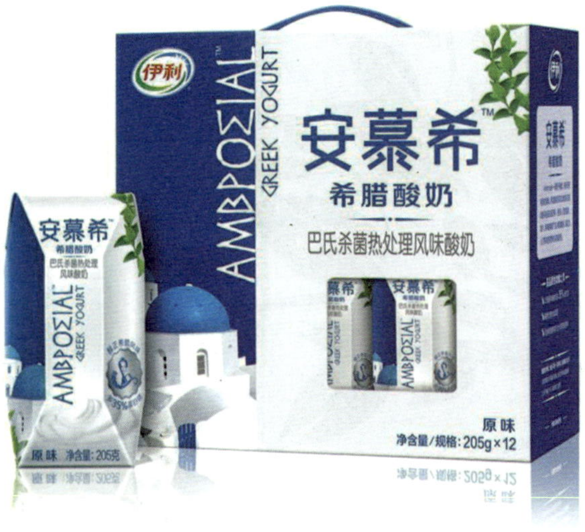

其实，从生产的角度上看，伊利的“安慕希“、光明的”莫斯利安“和蒙牛的”纯甄”，其实就是一回事，都是巴氏杀菌酸牛奶饮料。

但是，伊利比光明和蒙牛更加聪明的地方在于，对这个产品赋予了一个新的品类概念：希腊酸奶。

在中国人的心目中，”希腊酸奶“这个品类名给人一种美好的联想，而且感觉它与”风味酸牛奶“不是一个品类，听上去像是新品类，是舶来品，形成了良好的差异化。

案例分享...

与伊利的"希腊酸奶"可以一比高下的另外一个我非常欣赏的新品类就来自于东阿阿胶。他们也非常聪明，把阿胶这样一个价格相对较高、销量相对有限的滋补产品与饼干结合在一起，开创了一个新的品类：阿胶糕。从而，让阿胶进入了人们的日常饮食。这看似没有什么技术难度，但是这一创举给东阿阿胶带来了新的利润增长点，不得不说是一次成功的品类开创。

新品类未必都是新技术的产物

我之所以称赞伊利推出的“希腊酸奶”和东阿阿胶推出的“阿胶糕”，是因为我比较提倡企业开创非技术导向的新品类。原因在于，我们很多企业，既不是华为，更不是特斯拉，我们不可能天天用新技术来开创新品类。近几年，在云南各大景点出现的“鲜花饼”也是让我感到震撼的新品类，虽然非技术导向，但是迷倒一片游客，何乐而不为？！其实，这种品类的开创看似简单，却需要非凡的营销智慧！

鲜花饼

打造新品类的8大方法

新品类的打造，需要遵循品类分化的规律。一般情况下，一个品类按照"价格分化-功能分化-体验分化"的规律分化下去。不过，这也不是绝对的，为了拓宽大家的思路，下面就给大家介绍8种开创新品类的方法，供大家参考。需要注意的是，在下面的8种方法中，除了第一种与技术有关以外，其他方法都与技术没有太大关系。这也再次说明，新品类的开创不一定要依靠新技术。

1、新技术、新工艺	无氟冰箱、变频空调、LED电视、电动跑车、生榨果汁……
2、新的消费趋势	平板电脑、有机奶、排毒养颜胶囊、五谷养生面、鲜花饼……
3、顾客感知	职场萝莉裤、绵柔型白酒、果香型白酒、冰纯啤酒……
4、顾客习惯	居家服、下午茶、早餐奶、东方假日女装、GT（豪华旅行车）……
5、尚未商业化的品类	凉茶、酸梅汤、民族服饰、区域土特产……
6、深耕习俗与文化	中华立领、老坛酸菜牛肉面、观音饼、希腊酸奶……
7、与对手反着走	时尚运动服、低温高端奶、实景演出……
8、添加或剔除	纯植物纤维服饰、果肉饮料、阿胶糕、低乳糖奶……

何为伪品类

案例分享

摩托罗拉的"伟大创举"为什么会失败？

铱星手机

卫星通话5个"任何"（5W）：
任何人（Whoever）在
任何地点（Wherever）
任何时间（Whenever）
与任何人（Whomever）
采取任何方式（Whatever）
进行通信。

此项目1997年启动，到2000年3月18日背负40多亿美元债务正式破产。

铱星手机的失败所带来的启示

摩托罗拉“铱星手机”的失败原因在于：试图解决一个市场上不存在的问题。在用手机的人群里，有多少人需要在珠穆朗玛峰上打电话打几次电话？有多少人需要在撒哈拉沙漠里打电话？打几次电话？又有多少人在马里亚纳海沟里打电话？一辈子能去几次？摩托罗拉的创举确实很伟大，但遗憾的是它解决了一个市场上并不存在的问题。这个教训告诫我们：

永远不要试图解决市场上不存在的问题

永远不要试图改变顾客的习惯和价值观

永远不要大跃进，跨度越大越容易跌倒

品类创新要小心“伪品类”

自摩托罗拉的“铱星手机”之后，市场上类似的“伪品类”从来没有灭绝过，一个接一个的悲剧正在我们身边发生。我本人也遇到很多客户拿着他的“伪品类”来找我，我说“你这个品类是伪品类，需要重新定义”，他们很不高兴地走了，再无音讯。这也是我们这一代咨询顾问最悲哀的地方，很多企业家找你是为了让你证明他是对的，而不是真心实意地向你请教。

伪品类

伪品类，就是脱离顾客真实需求，也不符合未来品类发展趋势，并在顾客心智中不可能成立的品类概念。

在企业里，很多伪品类都打着“创新”的旗号，以“蓝海”的名义通过审批并上市的。所以，品类创新要小心“伪品类”。

→

电热皮鞋
智能运动鞋
无菌内衣
啤酒味茶饮料
运动型地板
干吃面
防漏电池
可拆卸纽扣
键盘手机、智能手机、平板电脑一体机
……

越流行，越危险！

现在，很多企业家迷信“风口”二字，认为找到了“风口”就找到了出路。其实，这是一个非常天真的想法。前几年，“O2O”、“VR”等概念非常流行，但结果却令人失望，这些“风口”让不少创业者误入歧途，甚至导致一生的积蓄血本无归。这说明了什么？说明对品类发展而言，越流行，越危险。一个好的品类创新，要追随趋势，而非跟随流行。下面几个昙花一现的“流行”案例希望给大家带来一些启发。

呼啦圈

上世纪80年代末，曾经一度非常流行呼啦圈，几乎一夜之间出现“全民转动呼啦圈”的壮观景象。然而，持续的时间却惊人的短暂，基本没有超过一个月就销声匿迹了。越流行，越危险！

刀郎歌曲

15年前，全国上下也流行起了“刀郎”的歌曲。也因此而出现了不少假“刀郎”。然而，遗憾的是，几乎没有超过一年，刀郎的歌曲就成为过去，很快销声匿迹了。越流行，越危险！

智能手环

前几年，智能手环也非常流行，不少年轻人手上都戴着智能手环，一来记录自己的运动量，二来炫一炫自己很时髦。然而，也没过两年，智能手环同样销声匿迹了。越流行，越危险！

VR眼镜

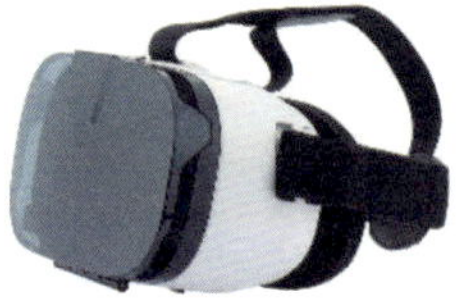

这两年，VR眼镜也流行一时。但仍然没能逃脱昙花一现的悲剧，现在70%以上做VR眼镜的企业全部倒闭，VR眼镜正在成为新一代短命产品的代表。越流行，越危险！

如何识破伪品类？

识破伪品类，需要回答以下4个问题。如果其中一个问题得不到正面而肯定的答案，你就要小心了，因为，这就说明你所开创的新品类很有可能是伪品类。

是否满足真实需求？

顾客喝水，在乎矿物质，不在乎性别。

是否有明确的对手？

个人数字助理是什么？准备与谁竞争？当时苹果公司自己也不清楚。

是否顺应顾客心智？

顾客觉得，蓝色的可乐，喝起来像洗发水。

是否符合未来趋势？

干吃面无法成为顾客所追求的发展趋势。

伪品类能“翻身”吗？

部分伪品类，通过重新定义可以做到“变伪为真”。

案例分享

我曾经给一家白酒企业的定制酒——“华商祥云”酒做品类规划的时候，就在“真伪”之间徘徊过。这款酒，是在传统的浓香型白酒里添加冬虫夏草，做成露酒。但是，我们就叫它“露酒”，这个品类难以引起顾客的购买兴趣，怎么办？

浓香型白酒 + 冬虫夏草 = ？真伪就在一字之差！

虫草原香酒 → 虫草浓香酒

当时我们通过讨论，对这款酒提炼了一个新的品类名，叫“虫草原香酒”。当天还感觉不错。但是，通过一晚上的深思熟虑后，我把它改了，改成“虫草浓香酒”。虽然就改了一个字，却成功实现了“变伪为真”的蜕变。因为，“虫草原香酒”的竞争对手不明确，而且在顾客的心智里难以借力，而“虫草浓香酒”则非常明显，打的就是“虫草酱香酒”，而且可以借助“浓香型白酒”的心智资源，一上场就可以赢得半壁江山。

品类与需求

新品类如何与需求嫁接？

当一个新品类与顾客需求嫁接时，要考虑以下三大要素：群体规模、消费特征、转换成本。

群体规模

新品类落脚的消费群体规模有多大？

规模的大小，将会影响企业能否养活一个企业或团队。品类可以足够小，但是群体规模不能太小。一般情况下，“0到1”的全新品类，尽量要选择群体规模更大的市场；而“1到N”的分化品类，群体规模可以适当小一点。不过，群体规模的大小，有时候由不得企业自己选择，而要取决于新品类锁定的老品类来决定。老品类的群体规模大，新品类的群体规模也大；老品类的群体规模小，新品类的也小。

消费特征

新品类核心消费群体属性及需求强度如何？

首先，是群体属性，即：研究他们在区域、年龄、性别、学历、收入、职业、生活方式、消费习惯、品类消费的频次和每次购买量等方面会呈现出什么样的特征。

其次，是需求强度，即：你的品类对他们而言是必需品，还是选择品？或是可有可无？一般情况下，需求强度越强，新品类成功率就越高，需求强度越弱，成功率就越低。

转换成本

新品类消费群体品类转换的代价有多大？

新品类走向市场，面临的第一场战争就是让顾客进行品类转换。所以，要研究清楚顾客进行品类转换的时候，在金钱、习惯和心理担忧上存在哪些障碍，并要研究顾客突破这些障碍果断购买新品类的理由是什么。这里需要强调的是，选择一个适当的时机也很重要。比如，牛奶闹“三聚氰胺”的时候推出豆浆机、城市闹“雾霾”的时候推出空气净化器等。如果遇到这种时机，顾客的品类转换成本就会大幅下降。

注：在需求嫁接方面，需要做更加深入的顾客洞察和研究，在本书的第七章“产品设计”中会给大家介绍更加详细的方法和工具。

先找市场，还是先找品类？

再见“STP”！

菲利普·科特勒先生曾在《市场营销管理》一书中提出过经典的“STP”战略，即：市场细分（Segmenting）、目标市场选择（Targeting）、市场定位（Positioning）。然而，在实战中，这个战略的逻辑很难产生一个新的品类。下面，将STP战略和品类战略做对比分析，不难发现STP战略的思维缺陷：

	STP战略	品类战略
思考前提	假设你进入一个现有品类	先思考如何才能不进入现有品类
市场研究	优先研究顾客需求，细分市场，然后选择一个适合自己的市场	优先研究竞争对手、老品类，发现或创造与它们不同的方向和机会
市场策略	对未被满足的需求找卖点，并努力让顾客接受	在心智资源中占领空白而有利的位置，让顾客自己找上门来
产品呈现	老品类中的新产品，如：香皂品类中产生一个更好的香皂	与老品类平起平坐的新品类，如：可以产生一个“洗手液”来与香皂竞争
竞争性质	红海竞争	蓝海竞争
是否可取	×	√

更加实用的战略逻辑

我不想挑战权威，更不想挑战菲利普·科特勒先生。只是从营销实战的角度，我更加认同艾·里斯的观点：先找差异，后找群体。这个逻辑不一定完全正确，但非常实用。下图是对此逻辑的进一步细化，并为了便于大家理解，以苹果公司开发iPhone智能手机举例说明。

研究对手 →	寻找差异 →	品类定义 →	品牌定位 →	细分市场
苹果公司打算进入手机市场时，首先研究的不是顾客需求，而是研究诺基亚和三星在顾客心智中的位置和认知，并研究他们存在的问题。	要开发一个不同于它们的手机，它们的手机有键盘，我们可以没有键盘；它们的手机屏幕太小，我们要大屏幕；它们的手机应用程序少，我们可以多。	它们是“键盘手机”，“传统手机”，而我是“智能手机”，这是一部可以无限量下载应用程序的手机，可以做任何事情的手机。	全球智能手机第一品牌； 品质全球最好、操作简便、颇具人性化的手机； 外观简约、漂亮的手机，不仅是商品，更是艺术品。	由于开发成本高，价位自然要高于诺基亚和三星，因此只能卖给中高层收入人群，成为他们的生活方式。因此，要研究他们，洞察他们，收集他们的体验与感受。

iPhone

第四章

品牌设计

解决品牌的认知问题

左脑价值，右脑感觉，一个好的品牌必须两者兼顾，并且要善于用右脑驱动市场。

品牌阴阳论

世界万物是由阴阳组成的

地球：一个太阳，一个月亮

日子：白天一半，黑夜一半

人类：男人一半，女人一半

大脑：理性一半，感性一半

人生：工作一半，生活一半

工作：做事一半，做人一半

成功：努力一半，运气一半

沟通：内容一半，形式一半

企业：经营一半，管理一半

世界万物都是由阴阳组成的，而且，阴阳两部分是相互依存，相互促进的，谁也离不开谁。

品牌还会例外吗？！

大脑的阴阳结构

心理学家将人的大脑分为左脑和右脑，就是大脑的"阴"和"阳"。左脑偏理性，擅长逻辑推理，擅长精打细算；而右脑偏感性，擅长浮想联翩，擅长艺术创造。

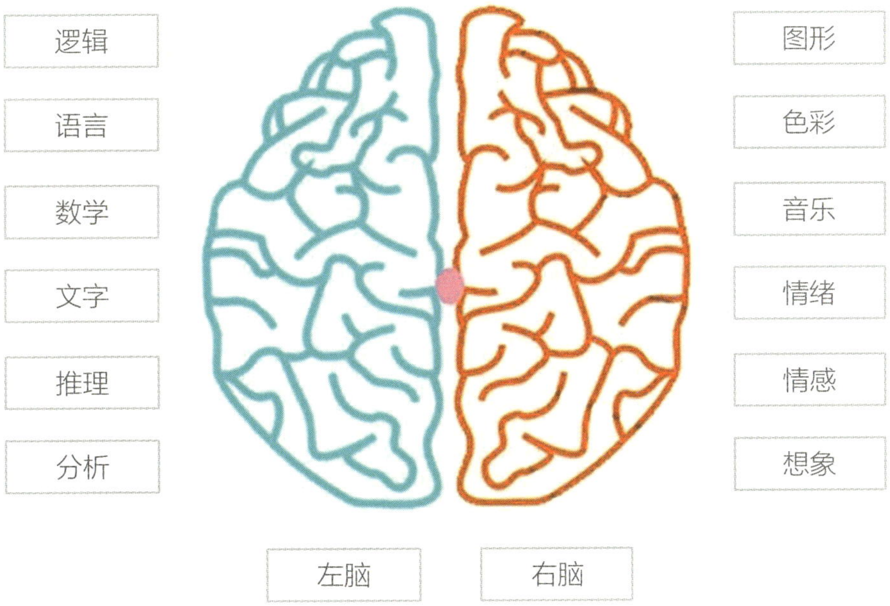

品牌影响大脑的模式

一个好的品牌，必须要兼顾顾客的左右脑：往左脑里卖价值，让他无法拒绝；往右脑里卖感觉，让他怦然心动。这就是一个品牌影响大脑、建立认知的最正确模式。

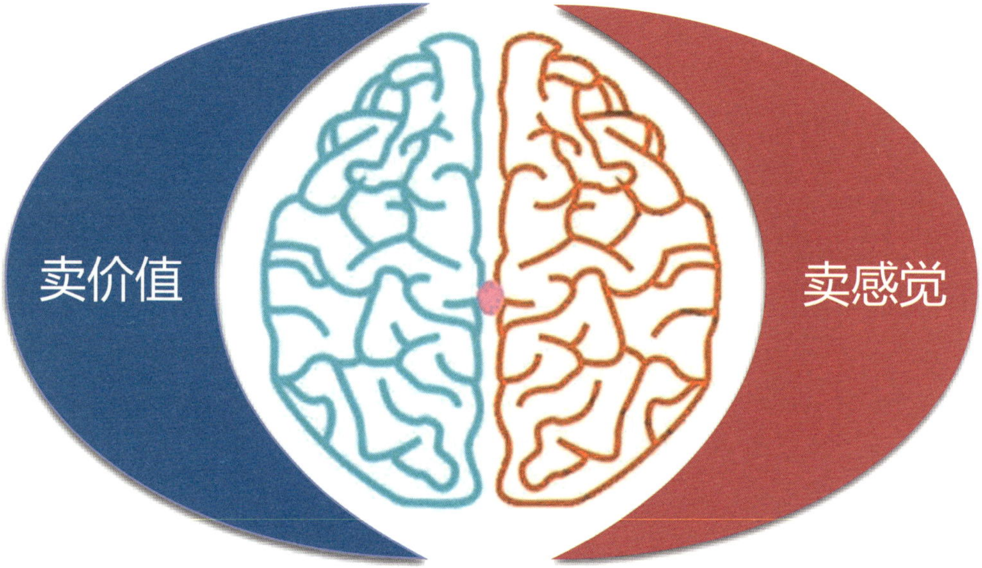

阴阳平衡的重要性

太极图告诉我们，世界万物不仅由阴阳组成，而且阴阳要平衡。品牌也不例外。一个真正强势的品牌，必须在"价值"和"感觉"的天平上做到平衡。否则，你的品牌就会出问题。

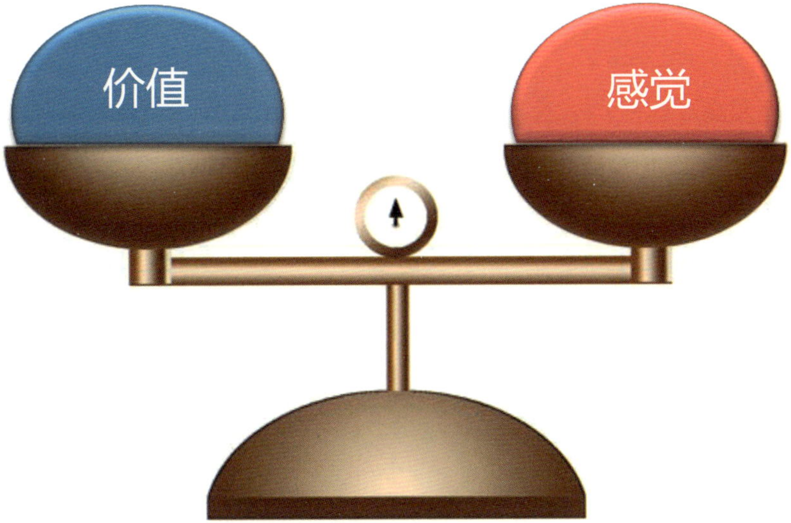

品牌的强弱之分

到底什么样的品牌是强势品牌，什么样的品牌是弱势品牌？我们常说的“问题品牌”和“泡沫品牌”又是什么？从“价值”和“感觉”的维度上看，就会一目了然。下图明确告诉我们品牌的强弱之分。

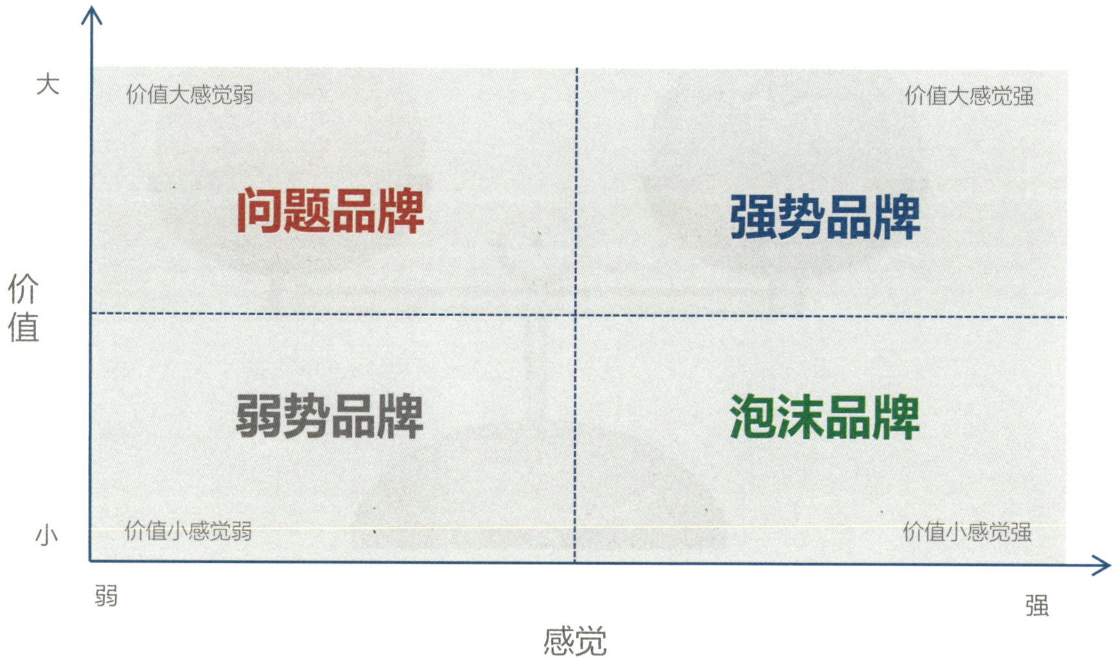

案例分享

按照“价值”和“感觉”象限来分类，我们所认识的很多品牌，都是有问题的。以智能手机品牌为例，目前大家所推崇的“华为”就是一个问题品牌，因为与iPhone相比它带给人们的感觉并不突出；像魅族等品牌属于泡沫品牌，因为与iPhone和华为相比，它所提供的价值不够突出；像中兴这样的品牌则属于弱势品牌，原因很明显，它带给顾客的价值和感觉都没有像iPhone那样突出。

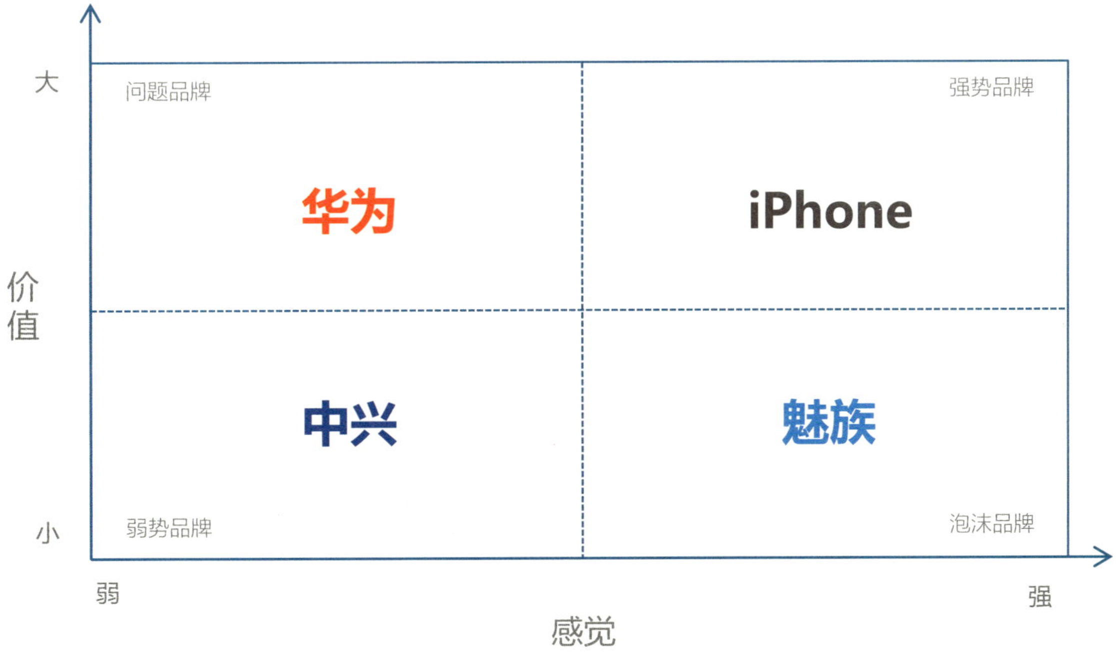

品牌的阴阳结构

当我们明白了一个品牌影响大脑的模式之后，就要思考：我们的品牌到底用什么来体现"价值"，做出"感觉"？通过多年的研究，我们终于找到了正解：用"定位"体现"价值"，用"个性"做出"感觉"。定位和个性就是一个品牌的"阴"和"阳"。

定位与个性的分工

从前面的分析和推理，相信大家已经看到定位和个性的分工是什么。

定位解决
左脑问题

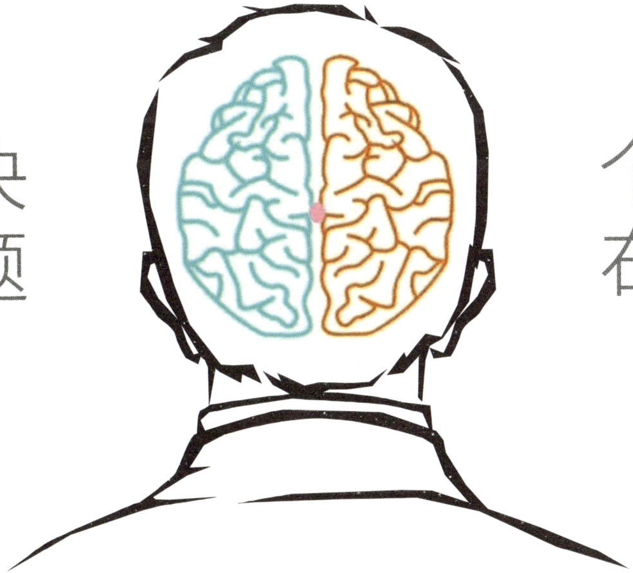

个性解决
右脑问题

品牌定位

品牌定位是什么？

顾客左脑里最在意的价值

品牌定位的完整定义

品牌定位，
是在目标顾客的脑子里所建立的认知优势，
是有别于竞争对手并不被轻易超越的独特价值，
通俗地说，
品牌定位就是
你的顾客愿意掏腰包买你产品的最大理由，
顾客左脑里最在意的价值。

定位的本质

借力+不同

定位的本质是借助顾客心智里已有的认知来建立新的认知，从而让自己变得“不同”。

定位为什么提倡竞争导向？

定位要求锁定对手的目的是借力，而不是消灭。

经典案例

一首《山丘》引发的汽车广告大战

经典案例...

悦过山丘
才发现你已跟丢
全新BMW 2系双门轿跑车，敢为先。
悦享纯粹驾趣。

越过山丘 才发现你已掉进沟
全新路虎 发现神行 不止于发现 更强于神行
LAND-ROVER

越过山丘，
才发现你已没油！
全新雷克萨斯NX带给您无尽能动

越尽山丘雪峰，才发现你们都已回家大修。
虎胆龙威，G级越野车。

经典案例...

汽车行业里的《山丘》广告战，用一个非常精彩的形式告诉我们定位的本质。首先，是要借力，要借助顾客认知里比较在乎的东西来凸显自己。然后，是要形成差异。这四个品牌通过广告战显然都在凸显自己的"与众不同"。

操控性强

越野性强

油耗低

质量好

伊利金典当初为什么失败？

早在2005年，蒙牛推出高端奶“特仑苏”的时候，伊利也推出了“金典”。但是，伊利采用的方法是典型的“更好”策略，试图通过“蛋白含量比你高”、“价格比你便宜”来战胜“特仑苏”。然而，十几年过去了，特仑苏在中国高端奶领域的“第一”认知从未改变，而当初与“特仑苏”竞争的伊利“金典”黄色包装（下右图）产品已经不见踪影，取而代之的是绿色包装的“金典”有机奶。

蛋白含量：3.3
一箱零售价：52.00元

/

蛋白含量：3.5（比你高）
一箱零售价：48.00元（比你便宜）

“更好”是陷阱！

曾经的金典试图用“更好”策略打败特仑苏的案例告诉我们：把同样的东西做得比别人更好是陷阱。做品牌千万不要进入这个死胡同。现在不少企业家迷恋“爆品”这个概念，认为只要做一个极致的“爆品”就能赢得市场。别天真了！“爆品”思维的本质就是“更好”，很有可能让你血本无归，有去无回。因为，营销需要的是“不同”，而非“更好”。要记住这位老人的话：学我者生，似我者死！

“第一”定位的问题在哪里？

把“第一”作为定位是有风险的，

做到了是定位，做不到只是目标。

案例分享

雪花啤酒：全球销量第一啤酒

市场调研机构欧睿咨询（EuroMonitor）2016年公布的全球十大啤酒品牌排行榜，让人们感到意外。第一名已经不是历史悠久、畅销全球的百威，而是中国的“雪花啤酒”，占据全球啤酒销售额的 5.4%。

那么，今天的雪花啤酒，把“全球销量第一”作为定位，行不行？

答案是：行！

因为，雪花已经做到了“第一”，这会产生强大的吸引力。

那么，10年前这么定位行不行？

答案是：不行！

因为，10年前还做不到，你喊了，不仅没人信，还涉嫌欺骗。

因此，把“第一”当做定位时，一定要回答一个问题：你是否一出去就能做到“第一”？如果做不到，那不是定位，只是目标。试图用目标建立竞争优势是荒唐的。

认知和现实哪个更重要？

市场上往往“认知>现实”，赢认知才能赢未来。

案例分享

2017年2月，统计机构Canalys公布了2016年各大手机厂商在中国市场的出货量。其中，苹果手机iPhone的销量仅为4380万部，在中国区市场排名第五，同比跌幅达18.2%。而排名第一、第二的是国产手机OPPO和VIVO。这在业界引起了很大反响，不少人提出了“到底销量为王？还是品牌为王？”下面，我给大家做出简单的回答。

OPPO+VIVO / iPhone

国产手机荣登中国手机市场榜首，我表示祝贺。然而，我认为，这不能代表什么。第一、iPhone的售价远高于OPPO和VIVO，低价手机销量超过高价手机很正常。第二、我们只是看到了销量，但看过利润吗？iPhone在全球用不到10%的份额拿走了90%的利润，我们的国产手机能做到吗？显然不能。第三、最重要的是，iPhone是智能手机的代名词，社会精英阶层的“标配”，但是我们的国产手机代表了什么？社会精英们会把国产手机当回事吗？目前还不能。所以，我们不能把短暂的销量太当回事，在未来很长一段时间，iPhone在全球范围所建立的“此刻全球最好”的认知无人能撼动，只要苹果公司自己不出问题，OPPO和VIVO还远远不是它的对手。这就是“认知>现实”。

小心定位陷阱！

定位不能望文生义，不要死缠心智中没有的东西。

定位的机会在哪里？

我们前面讲过，定位的本质是“借力+不同”。其中，“借力”借的是顾客心智中的资源，应该是“借力”在前，“不同”在后。然而，很多人忽略这个规律，要么为了“不同”而不同，要么总想着比对手做得“更好”。所以，在这里，我给大家画一个定位象限图，告诉大家定位的机会在哪里。希望大家通过对这个象限的解读，尽量避免“望文生义”式的定位错误。

品牌定位常用的四种方法

站到对手对立面

对立面战略是最容易借力，而且最容易进入顾客心智的一种方法。

具体方法是，锁定一个明确的竞争对手，站到它的对立面，跟对手“反着走”。

这种定位的前提是，对手定位的对立面有意义才行。

抢占重要属性

这是一种填补和抢占心智中的空白位置的方法。

对一个品类而言，顾客关心的价值往往不是一个，但是未必所有的品牌都能满足那些价值。这是你定位的机会。

改变消费观念

这种定位方法比较适合那些在功能上很难被人识别差异的产品，比如酒、水、巧克力等。

具体方法是，不和产品的功能死磕，而换个角度去强化顾客心智里有、但没有和产品功能直接联系的认知。

破坏对手的定位

这种定位方法在中国比较少用。

主要方法是，给竞争对手扣一个不好的帽子，由此来引出自己的“好”。

这种定位要慎用，因为，弄不好会导致“搬起石头砸自己的脚”。

案例分享

站到对手对立面 | 抢占重要属性 | 改变消费观念 | 破坏对手的定位

药物创可贴

创可贴这个品类，市场规模比较小，所以竞争也不是很激烈，邦迪一直是占据市场老大的地位。

云南白药进入这个品类的时候，研究邦迪发现，邦迪除了贴到伤口止血、防止二次感染以外，没有什么特别的功能。邦迪更像是一块特别干净的胶布，没有任何药物功能。

因此，云南白药锁定邦迪，站到它对立面，推出“药物创可贴”，在创可贴中加入中药成分，帮助伤口快速止血、有效消炎、快速愈合。广告语是“云南白药创可贴，有药好得更快些”。

没想到，这个定位获得了空前的成功，现在的创可贴市场，云南白药与邦迪已经不分上下，成为这个品类的两大巨头之一。

案例分享...

站到对手对立面 | 抢占重要属性 | 改变消费观念 | 破坏对手的定位

头皮护理

洗发水品类，基本被宝洁公司的品牌占领。宝洁知名的四大品牌，分别抢占了重要属性，几乎不给其他品牌任何机会。即：海飞丝抢占“去屑”，飘柔抢占“柔顺”，潘婷抢占“强韧”，沙宣抢占“修复”。

滋源的老板想做洗发水，但实在不知道在这个品类中怎么脱颖而出，因此找到了我的良师益友叶茂中。

他给滋源的定位，还是用这种“抢占重要属性”的方法，强化“头皮护理”的属性，与宝洁公司的各大品牌进行了有效区分。

有人说这是“新品类”的概念，宝洁做的是洗发水，而滋源做的是洗头水。我不认同这种说法。因为，顾客买滋源是为了洗头发，没有人只想洗头皮。因此，头皮护理是洗发水的一项属性而已。

案例分享...

抢占重要属性 | 站到对手对立面 | 改变消费观念 | 破坏对手的定位

丝滑感受

到底什么样的巧克力是好的巧克力？人们很难给出答案。用形状、口味等因素很难分辨好坏。

基于这样的特点，德芙采用了"改变消费观念"的方法，不提可可粉，不提更甜还是更苦，而从入口丝滑的角度强调"丝滑感受"，向人们传递"足够丝滑的巧克力才是好巧克力"。

人们信了，德芙成功了。

其实，德芙的这个定位并不算高明。相比之下，我更加认同金帝巧克力的定位，当初他们的定位是"只给情人买的巧克力"，实在是高明。然而，遗憾的是，他们没有把这个定位做好，越做越烂，最后走到了今天告别市场的地步，25年的心血就这么浪费了。实在可惜！

案例分享...

抢占重要属性　站到对手对立面　改变消费观念　**破坏对手的定位**

你是黑车

大家看到的这个广告是神州专车曾经做过的广告。意图很明显，就是针对Uber的。

Uber是美国一家提供专车服务的公司，他们进入中国市场势必对神州专车带来冲击。

因此，神州专车痛击他们的软肋，结合自己"车是自己的"、"司机也是自己的"优势，给Uber扣了一个"黑车"的帽子，由此给自己发展出一个"安全专车"的定位。

后来，他们的广告语"除了安全，什么都不会发生"进一步强化了这个定位。

不过，有人批评神州专车的这次广告是"史上最蠢的广告"，但是从定位的角度看，这确实是一种有效的方法。只是风险系数高一些。

提炼定位的原则

如果说上面四种定位方法是“做正确的事情”，那么提炼定位的原则是“把事情做正确”。前者是“道”，而后者是“术”。提炼定位通常要遵循以下三大原则（以宝马定位为例）：

驾驶乐趣

优势原则	差异原则	体验原则
基于自己最大的优势。定位不是“吹”的，而是“做”的，所以，必须掂量自己最大的优势在哪里。	与对手进行有效区分。不要试图撼动对手已经拥有的认知，但也不要去找顾客心智里没有的概念。	让顾客能够感受得到。在顾客的体验上，你要聚焦并强化“特性”，而非“特性”带来的“利益”。
宝马是做发动机出身的，它的发动机技术世界领先，很多飞机也都使用宝马的发动机。这一优势能够支撑宝马的品牌定位。	在豪华轿车领域，奔驰已经卖了后座，奔驰“舒适”的定位已经深入人心。在这一点上宝马是难以撼动的。因此，宝马只能卖前座，与奔驰反着走，形成差异。	宝马经常开展漂移驾驶培训、野外驾驶体验等活动。还用X6M等笨重的车型与顶级跑车比赛。目的就是让顾客感受到它的驾驶性能。宝马就应该这样，继续聚焦和强化“驾驶”（特性），而非“驾驶”带来的“乐趣”（利益）。

定位如何顺利进入心智？

定位 概念化

这两个调和油有什么不同？

这两个品牌同样做调和油，他们的定位也没有太大区别。但是，金龙鱼与福临门不一样的是，金龙鱼实现了"定位概念化"，提炼出一个"1：1：1"的概念。真正懂营养学的人会觉得这个概念很荒唐，但是顾客却觉得"1：1：1"是健康食用油的象征。因此，金龙鱼凭借这个概念一举拿下调和油市场的"老大"。而福临门的"天然谷物"及"非转基因"等概念没能撼动金龙鱼的"老大"地位。

天然谷物？非转基因？

/

1:1:1更健康

结论

定位概念化是一个定位顺利进入顾客心智的“金钥匙”。

概念不能代替定位本身

概念，是为了强化定位而产生的，
基于产品属性及资源优势、
区域文化等方面的一个引人注目、
引发顾客购买欲望的支撑点。
它不是定位本身，但可以强化定位。
通俗地讲，
如果"定位"是炸药，
那么"概念"就是导火线。

概念所处的位置

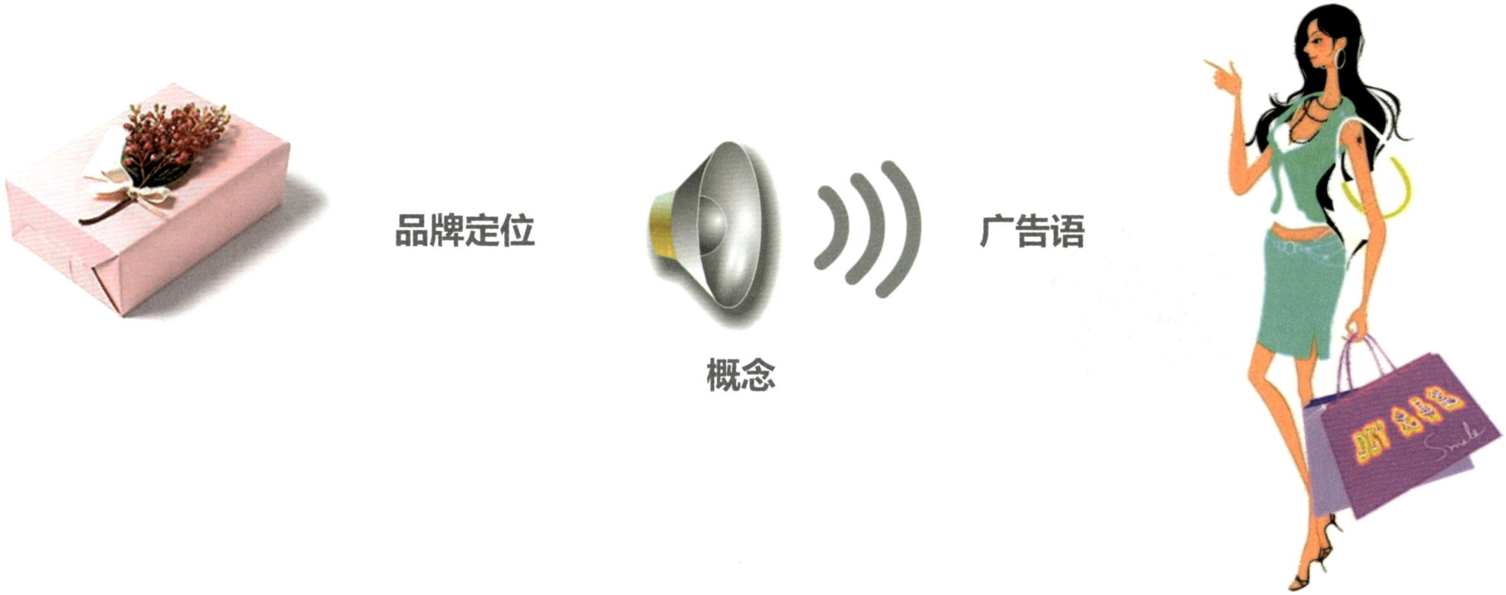

概念化的重要性

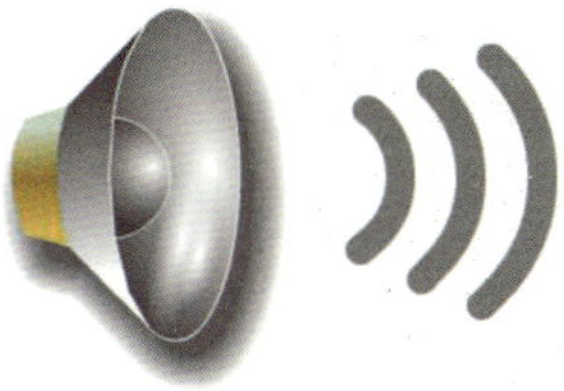

定位只有形成概念化，
才能形成新闻，
才能给品牌公关起步提供可能。
一个新品牌要想成功，
吸引顾客前，
要考虑如何吸引媒体。

“炒”的作用

定位要想更快进入顾客心智，就不能排斥“炒”的作用。在信息爆炸的时代，“好酒不怕巷子深”的理念早已过时。我们，要么新闻，要么吵架，无论如何要引起人们的关注才行。产生新闻最好的方法是定位概念化，MOTO推出“模块化手机” 就是一次尝试。如果你无法产生新闻，就要选择“吵架”，就像加多宝和王老吉，吵了半天，结果他们俩活下来了，而其他凉茶都死了。

要么新闻

模块化手机？

要么吵架

到底是谁的“怕上火”？

定位概念化的十大方法

定位概念化，方法有很多，其实在定位所涉及的任何一个价值链和产业链环节上都可以实现概念化。为了便于大家理解，下面罗列常用的10种定位概念化的方法，供大家参考！

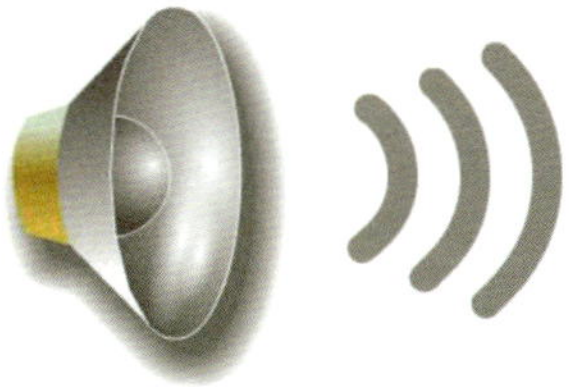

向品质要概念：27层净化、三醒三蒸

向功能要概念：富硒苹果、1：1：1、模块化

向技术要概念：人工智能、黑科技、虚拟现实

向工艺要概念：古法酿制、纯手工制造

向资源要概念：西域冰川矿泉水、景德镇骨瓷餐具

向模式要概念：全产业链、互联网思维、共享经济

向文化要概念：蒙古牧场酸奶、老北京酸梅汤

向生活要概念：森林城市、午后红茶

向心理要概念：安全插座、轻奢快定制

向时间要概念：千年古树茶、百年窖池

案例分享

陈克明是湖南一家做挂面的品牌，企业家陈克明苦心经营20年，把"陈克明"挂面做到10个亿，成为挂面品类的第一品牌。然而，在10个亿的关口他们却遇到了瓶颈，"好面"的定位很难再起作用。我们通过深入研究后，给"陈克明"品牌重新定义了新的品类名和新的品牌定位，具体如下：

陳克明 →

品类定义：蔬菜营养面

品牌定位：均衡营养

案例分享...

面对"蔬菜营养面"这个新品类，将陈克明定位为"均衡营养"，是没有错误的，在顾客心智中也有这个认知基础。但是，问题来了："均衡营养"到底如何吸引顾客？对于这个问题，我们选择了"饭菜均衡"的路线，通过"面粉+蔬菜"的方法体现"均衡营养"。但是，仅仅这么做是形不成概念的。这里就需要定位概念化。

粗细均衡
饭菜均衡 → 面粉+蔬菜 → 怎么吸引顾客？
荤素均衡

案例分享…

通过进一步研究，我们的建议是：只有"好面+好菜"才能吸引顾客，而且要给这个组合赋予一个概念才行。于是，我们想到了如下概念组合：河套的面粉+洞庭湖的蔬菜，简称"北面+南菜"。中国最好的面粉在内蒙古河套地区，这是在顾客心智中已有的认知，洞庭湖的蔬菜是否足够好？顾客没有认知也没关系，因为，洞庭湖是历史名湖，联想很好，更重要的是克明面业正处于洞庭湖的旁边，因此这个概念可以成立。

好面+好菜？

↓

河套的面粉（北面）+ 洞庭湖的蔬菜（南菜）

案例分享...

关于"均衡营养"这个定位的概念形成了：北面加南菜，均衡好营养。我们提炼出这个概念后，并没有扔掉陈克明曾经用过的"三醒三蒸"的概念，继续沿用到我们的文案中，给定位起到一个良好的支撑作用。

图片声明：上图为创意示意图，非正式发布广告，给客户提交时使用了成龙的照片示意，但在此为了避免肖像权争议，更换了创意。

品牌个性

从希腊神话说起

希腊神话里有一场战争，叫特洛伊战争。引发战争的核心人物是一个女人，叫海伦。

原由是，特洛伊王子爱上了这个女人，并把她带回了特洛伊。然而，这个女人却与斯巴达王子曾有婚约。斯巴达王子发现他的女人居然跟别的男人私奔了，难以容忍，为了洗刷这个耻辱而发动了这场战争。一打就是10年。

仗打了这么久，特洛伊元老院的元老们不乐意了。他们纷纷抱怨王子："为了一个女人，居然打10年的仗，死了那么多将士，值得吗？"

当这些老男人正在抱怨的时候，美丽的海伦出现在元老院的门口。结果，这些年逾古稀的男人们目瞪口呆，随后异口同声地说："为了这么美丽的女人，再打10年仗也值。"

理性哪儿去了？刚才的抱怨哪儿去了？

这个神话告诉我们：人其实没有多少理性，理性是因为没有遇到怦然心动的刺激！

他们为什么令人难忘？

憨豆的西服、李小龙的怪吼、迈克尔·杰克逊的太空步……
他们的形象给我们留下了永恒的记忆。这意味着什么？

憨豆的西服

李小龙的怪吼

杰克逊的太空步

卖感觉的魅力

FILA（斐乐）这个品牌，通过纯文字跟你沟通和通过高圆圆温柔灿烂的笑容跟你沟通，哪个更有感觉？

FILA

LIVE YOUR ELEGANCE

FILA is the world's top ten sports brands, mainly engaged in tennis, skiing, golf, yoga, racing, such as the development of elegant sports related products. A bold design style, the elegant temperament and unique product effect, make the FILA unique charm in the international leading sports brand in the world famous. Brand was founded in 1911 by the FILA brothers in Italy BIELLA, has been more than and 100 years of history. Last century in 70s, FILA with the diversification strategy to expand sports apparel business. And in the later years has developed a golf, tennis, fitness, yoga, running and ski series, finally established the backbone of the status of the world famous sports brand, is considered to be the representative of art, luxury model.

/

信息来源：FILA（斐乐）官网

卖感觉的魅力…

在爱护宠物的倡议和宣传方面，用纯文字宣传和用一家三口其乐融融的画面映射出一条可爱的小狗图案来宣传，哪个更有感觉？

小动物是我们人类的好朋友，请求大家好好保护它们吧。不要用石头、棍子打伤它们，它们有血有肉会痛的，会哭泣的，它们的爸爸妈妈会心疼的。小动物们为我们地球的生态平衡做出了巨大贡献，因此，我们特向全市小朋友们发出以下倡议：

一、不要打小动物，不要捕捉小动物。

二、多照顾小动物，把无家可归受伤的小动物送到收容所。

三、向全社会广泛宣传保护小动物的重要意义。

四、认真学习小动物的生活习性，学会保护小动物的知识。

小朋友们!让我们心连心、手拉手，共同为保护小动物事业做出贡献吧！

/

信息来源：上图右边广告图片摘自广告记微信公众平台。

市场研究结论

法国著名市场研究公司IPSOS曾经在研究过60多个品类后发现，独特性（价值）与喜好度（感觉）对顾客购买兴趣的影响是不一样的。把"价值"做到最好，但"感觉"做得不够好的时候，顾客的购买兴趣最高只有82.6%。但是，反过来，把"感觉"做到最好，这时即便"价值"做得不够好，购买兴趣也能达到90%。下图为这个结论的数据模型（全球经验值）：

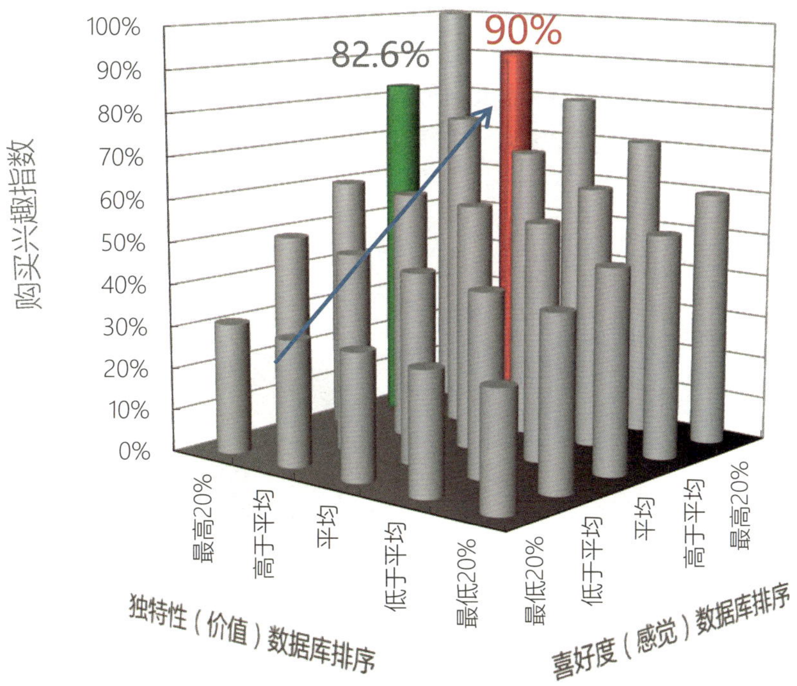

信息来源：IPSOS Vantis China

结论

一个“万人迷”品牌，不能忽视个性，不能忽视与顾客内心深处的共鸣

市场是靠右脑驱动的

视觉　情绪　情感　想象

个性：消费行为第一障碍

当我们翻开《消费行为学》的时候发现，影响顾客消费行为的第一个因素就是个性。如果你通不过这一关，后面的事情做得再好也没用。这也是那些"好产品卖不动"的重要原因。这个结论，更进一步坚定了我的观点：市场是靠右脑驱动的。我们有必要通过品牌个性来影响顾客的右脑，从而撬动整个市场。

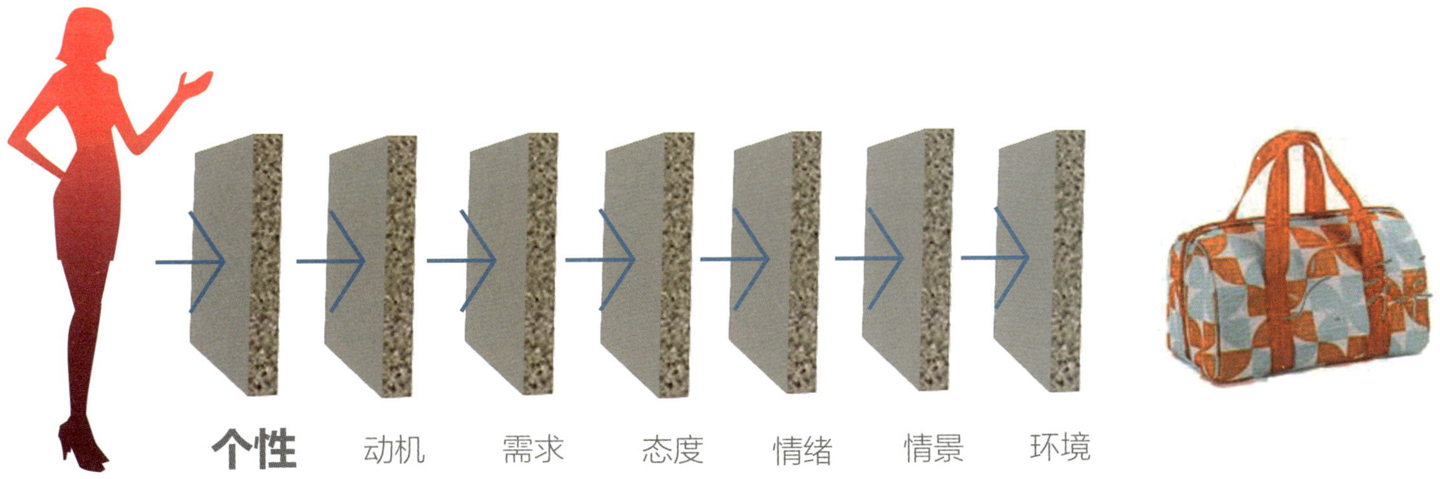

品牌个性是什么？

顾客右脑里最特别的感觉

品牌个性的完整定义

品牌个性，

是一个品牌带给目标顾客的感性因素，

是一种强化定位、促进记忆的调性，

与目标顾客的精神世界产生共鸣的风格。

通俗地讲，

品牌个性就是

顾客的右脑里最特别的感觉。

三个手表品牌的个性有何差异？

同样是手表，但是以下三个品牌带给我们的感受是截然不同的。劳力士“奢华”，雷达“简约”，而斯沃琪“时尚”。这说明了什么？说明品牌个性是有区别的，不同的定位配置不同的个性，不同的个性发展出不同的视觉。

ROLEX

RADO SWITZERLAND

swatch

品牌个性的划分

我们用下图来对品牌个性进行划分，根据个性化还是群体化、内向还是外向分为六大象限。其中，前面带有“+”的为正面个性，而带有“-”的为负面个性。负面个性，一般的品牌都不会采用，这里列出来的目的是让大家有个更加清晰而形象的认识。图中间的灰色部分为“品牌黑洞”，即：落入黑洞的品牌是缺乏个性的品牌。

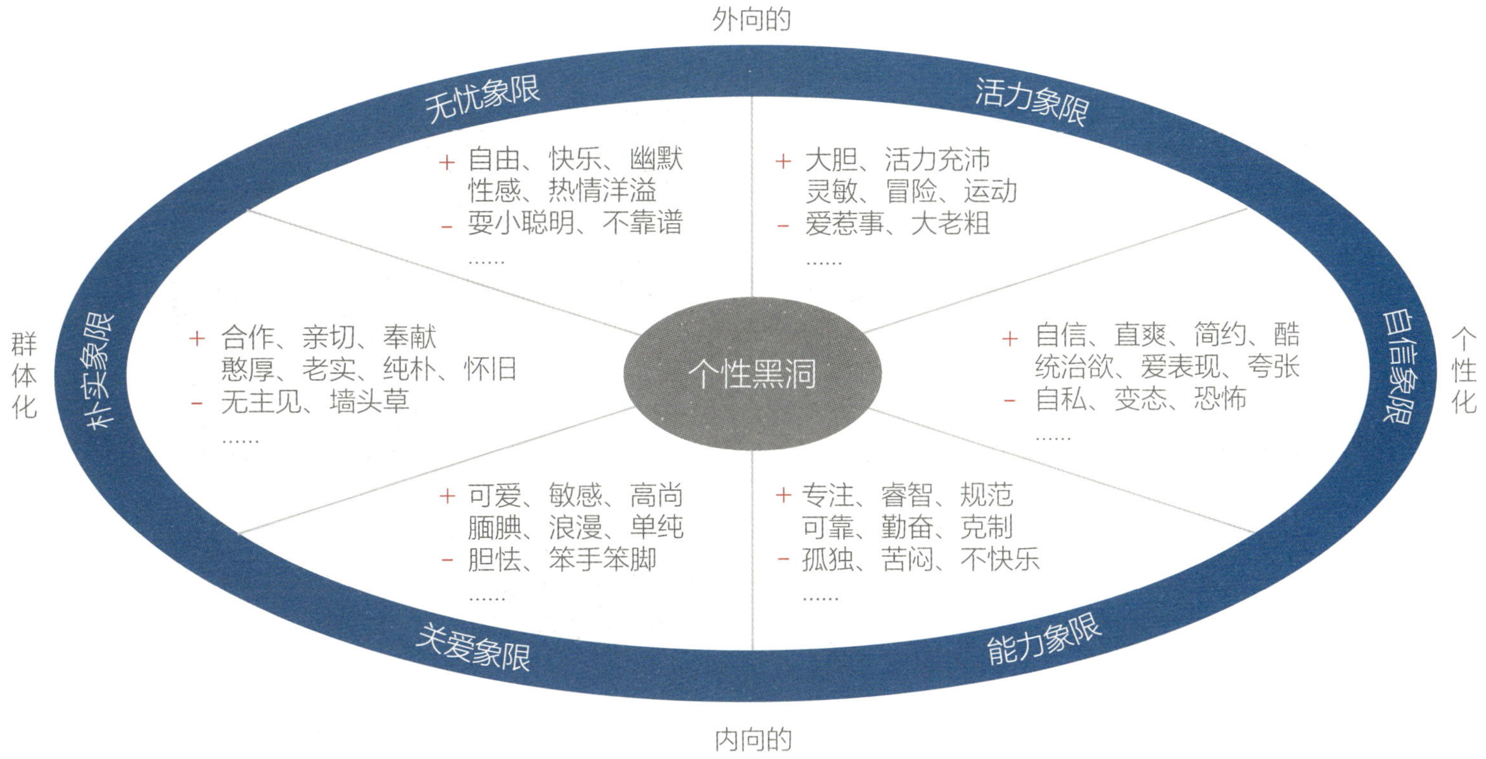

案例分享

国际明星的个性分布：

品牌个性的划分工具在人的性格划分上也能用。下面六大国际影星的剧照形象所处的个性象限是不同的。大家可以感受一下他们之间的个性差异。以下六大明星分别为：施瓦辛格（活力象限）、丹尼尔·克雷格（自信象限）、尼古拉斯·凯奇（能力象限）、汤姆·克鲁斯（关爱象限）、摩根·弗里曼（朴实象限）、罗文·艾金森（无忧象限）。

案例分享...

不同品牌的个性分布

提炼品牌个性的八大方法

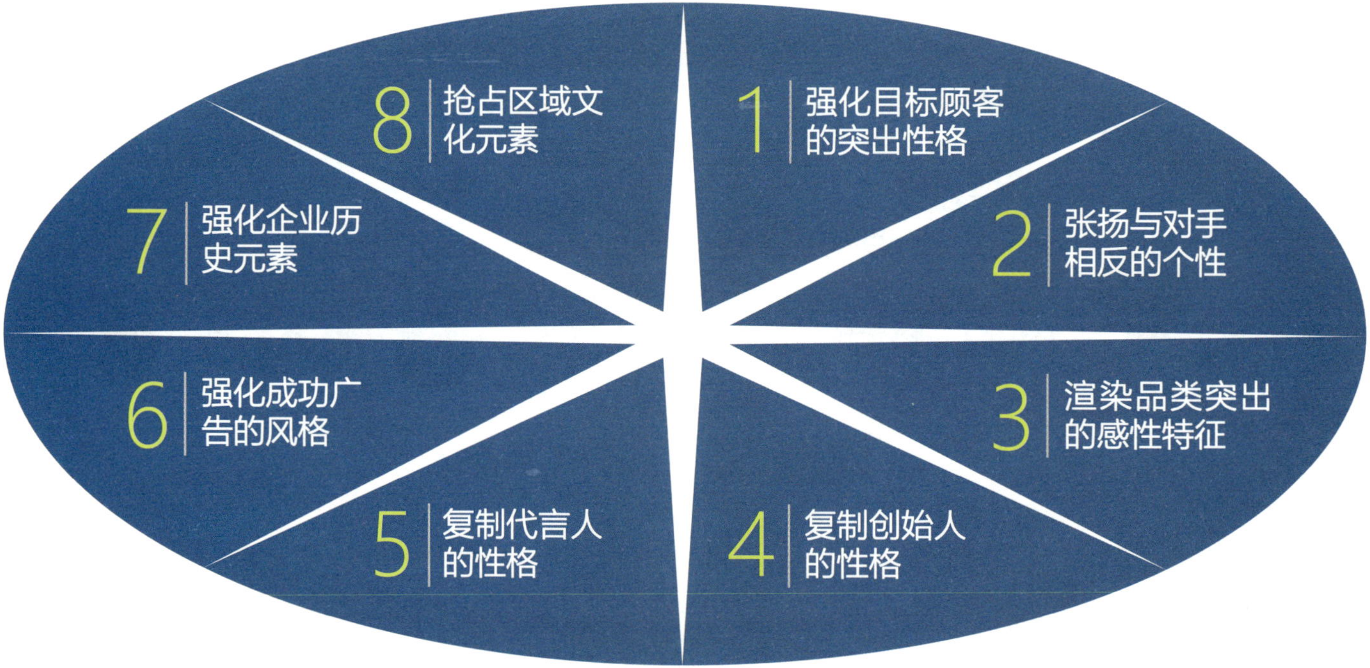

案例分享

1 强化目标顾客的突出性格

强生婴儿用品的消费者，毋庸置疑是婴幼儿，而购买者大多是妈妈。

因此，强生的品牌个性就强化妈妈们呵护婴儿时的温暖和关爱，色彩上特意采用淡淡的粉红色，图形中常常看到"心"型图案，连LOGO都是手写字体。

几十年来，强生这种"温柔呵护"的品牌个性从来没有改变，几乎所有的广告画面中都能看到一位妈妈和一个婴儿充满温情的画面。

强生的品牌个性已经成为"强化目标顾客的突出性格"的经典案例。

案例分享...

2 张扬与对手相反的个性

百事可乐是典型的跟可口可乐"对着干"的品牌。它的品牌个性与可口可乐完全是相反的。

可口可乐的品牌个性比较强调主流文化，提倡和谐、奉献和责任。而百事可乐却强调叛逆、反传统。

可口可乐用暖色调——红色，而百事可乐用冷色调——蓝色。

可口可乐的形象代言人非常有亲和力，强调团队精神，而百事可乐的形象代言人却耍酷，强调个人英雄主义。

这种跟竞争对手"反到底"是一个非常好的塑造品牌个性的方法，在这一点上百事可乐是典范。

案例分享…

3 渲染品类突出的感性特征

特斯拉，作为全球豪华电动跑车的代表品牌，品牌个性的打造上也非常成功。

特斯拉根据电动跑车这个新品类的感性特征，突出"未来感"。无论在LOGO上，还是在标准字体及车身的设计上，都融入了很多暗示"未来感"的元素，通过这种个性的强化来促进新品类在人们心智中的价值。

尤其，它的车身设计充满未来感，2015年上市的Model X 越野车更是把车门设计成"鸥翼"造型，向上开启，进一步凸显了"未来感"。

案例分享...

4 复制创始人的性格

苹果的个性是“极致简约”，这个大家都知道。其实，这个品牌个性就来源于公司创始人乔布斯本人。

乔布斯无论在产品的设计上，还是在日常生活中，都是一位极端的简约主义者。他因为看不上家具的设计风格，所以在家里，宁可空着，也不买家具。

苹果的品牌个性就是典型的乔布斯个性的延伸和升华，毋庸置疑是在“复制创始人的性格”。

不过，乔布斯去世后，虽然苹果仍然在延续这种个性，但是在细节上出现了很多妥协或扭曲，“极致简约”的苹果范儿正在悄悄被瓦解。

案例分享…

5 复制代言人的性格

在耐克的营销史上，说起代言人，可能大家最容易想起的人就是乔丹。

曾经有一段时间，乔丹几乎成为耐克的全部形象。

正因为乔丹对耐克的品牌传播具有不可磨灭的贡献，很多顾客也把乔丹的性格等同于耐克的个性。

后来，耐克也确实复制了乔丹的性格，成功建立了“充满运动的、颇具攻击性”的品牌个性，现已深入人心。

耐克著名的“比赛第一，友谊第二”的广告语就是这种个性的最好表达。

案例分享…

6 强化成功广告的风格

万宝路香烟，最早的时候不是这种粗犷的美国西部牛仔形象。

这个形象的塑造者是美国广告大师李奥·贝纳。老人家当年接万宝路的广告设计时，大胆创意了"西部牛仔"系列广告，由此一炮打响，成就了一个世界级品牌。

在这个广告上尝到甜头的万宝路，在品牌个性的提炼上就沿用了此创意传递出来的"粗犷的牛仔的"个性，至今都没有改变，成为一个世纪的经典。

如今，万宝路仍然稳坐全球烟草第一品牌的地位，销售量超过第二、第三品牌之和，2015年被评为北美十大品牌，品牌价值达804亿美元（5500亿人民币）。

案例分享…

7 强化企业历史元素

对于那些历史悠久的品牌而言，要想打造一个与众不同的品牌个性，去强化公司历史中的某种元素是个不错的方法。

巴宝莉，就是用这种方法打造品牌个性的经典案例。

他们忠于自己的历史，牢牢抓住经典的"英伦"范儿，并把"格子"图案作为彰显品牌个性的主要视觉元素，取得了巨大成功。

目前，在全世界所有的奢侈品品牌中，巴宝莉以其"英伦"风和"格子"图案成为最具个性、最具辨识度的品牌。

案例分享...

8 抢占区域文化元素

挖掘自己所处的地域文化元素来打造自己的品牌个性也是一种很好的方法。

在这个方法上，宜家是一个典型案例。

宜家似乎是全世界唯一一家从来都不做市场调查的公司。他们所有的家具，都是典型的“简单、清新、实用”的北欧风格，无论到哪个国家开店，这个风格从来没有改变。

在东方国家，宜家家具几乎是北欧生活的代名词，很多人把宜家的风格等同于北欧风格。

个性的输出口

视觉输出	VI系统、色彩、包装、代言人、吉祥物、行为……
触觉输出	产品形状、质感、重量、弹性……
听觉输出	音乐、音效、音色……
味觉输出	口味、口感……
嗅觉输出	味道……

案例分享

视觉输出

触觉输出

听觉输出

味觉输出

嗅觉输出

Calvin Klein

CK（Calvin Klein）的品牌个性是极致的性感诱惑。因此，往视觉方向输出这种个性时，CK经常采用全裸或半裸男女的拥抱、接吻等图片来挑逗人们的视觉神经，由此强化它的品牌个性。成为视觉输出上的经典案例。

案例分享...

视觉输出

触觉输出

听觉输出

味觉输出

嗅觉输出

当iPhone4上市的时候，有研究机构曾经做过触觉测试，让顾客蒙住眼睛后去触摸各大品牌的手机，看看顾客能否通过触摸来辨别品牌。结果，唯一完胜的品牌是苹果iPhone4。这就是品牌个性触觉输出的成功案例。

案例分享…

- 视觉输出
- 触觉输出
- **听觉输出**
- 味觉输出
- 嗅觉输出

2 — | 25 26 | 6 — ||

英特尔的这段音乐，可能无人不知。几乎任何一个电脑品牌做电视广告，最后都播放这段音乐。由此，只要大家听到这段音乐就能想起英特尔。英特尔的品牌个性比较突出科技感，这段音乐对科技感的暗示也算说得过去。

案例分享...

- 视觉输出
- 触觉输出
- 听觉输出
- **味觉输出**
- 嗅觉输出

GUINNESS

健力士黑皮的个性是任性、尽显本色。说得通俗一点就是毫不掩饰、口无遮拦、得理不饶人的那种。健力士把这种个性通过味觉输出的时候，也做到了淋漓尽致。它以其酒性浓烈的口感，一经品尝便印象深刻。

案例分享...

视觉输出

触觉输出

听觉输出

味觉输出

嗅觉输出

劳斯莱斯的个性是传统经典，极致奢华。老款劳斯莱斯车里的气味会暗示这种感觉。但是，现在的车已经没有了这种味道。于是他们开发了一种香水放在座位下，重温“老车味”，继续暗示这种感觉，成为嗅觉输出的经典案例。

品牌个性的界限

品牌个性不是什么？

品牌个性的四个“不等于”

品牌个性≠拟人化

品牌个性强调震撼心灵的感觉和记忆点，而不强调像什么人。

品牌个性≠价值观

品牌个性也许能体现某种价值观，但不以体现价值观为目标。

品牌个性≠独特创意

品牌个性离不开独特的创意，但它不是创意本身，它是创意的纲领。

品牌个性≠文化特色

品牌个性可以凸显一方文化，但也可以不受任何文化的限制。

品牌命名

好品牌需要好名字

当你把自己品牌的定位和个性全部规划好了以后，下一步的工作就是品牌命名。如果你已经有了品牌名，就要问自己这样一个问题：你的品牌名，配得上你的定位和个性吗？因为，我们必须要切记的一点是：

不要让坏名字，误了你的大事。

案例分享

一个好的品牌名，往往自己会说话，自己也能卖货。然而，品牌名不够好的时候，恰恰相反，可能会影响销量，影响进入顾客心智的步伐，甚至影响企业发展。下面这些品牌名，相比竞争对手的名字而言，都不能算是好名字，甚至有些名字非常离谱。不过，还好，有些企业已经意识到自己的名字不好从而进行改正了。比如："沃斯乐"啤酒已经改名为"万胜"啤酒等。

太子奶	是好的乳酸菌奶吗？从名字上看，"养乐多"更像是好的乳酸菌奶！
方正电脑	是好电脑吗？从名字上看，"联想"更像是一台好电脑！
官司云雾茶	南方人喝茶叫"吃茶"，喝官司茶，就意味着"吃官司"？不吉利！
四公主羊肉	四公主？这么萌的羊肉你能咬得下去吗？"四公主"这个名字更适合童装！
金棒棰羊绒衫	这个羊绒衫穿起来，感觉是否太硬了？鄂尔多斯羊绒衫已经"温暖全世界"了！
沃斯乐啤酒	惜命的男人们，没有谁想天天诅咒自己"我死了"，喝"喜力"更吉利！

好名字设计六大要素

新颖独特

一个好的品牌名，就算做不到"一鸣惊人"，也一定要做到"永生难忘"。做到这一点，就必须新颖独特，跳出思维惯性和行业习惯，策划出一个独特的名字。

暗示品类

品牌名能够暗示品类是最好的。比如"五粮液"暗示白酒。如果一个品牌名没有暗示自己做的品类，不算最好，不过也可以用。但绝不允许暗示别的品类。

通俗易懂

简单易记，通俗易懂，对品牌命名至关重要。因为，品牌名是要拿出去传播的，而不是欣赏文化底蕴的。"鑫"、"晶"等复杂的字不宜采用。

引起共鸣

一个好的品牌名，最好在顾客的内心深处产生共鸣和美好联想。这种共鸣和联想让顾客愿意接受这个品牌，愿意消费这个品牌，甚至以消费这个品牌为荣。

非通用名

品牌命名必须拒绝通用名。比如：光明、统一、长城等。尤其，产品品牌不能用通用名。使用通用名，一来不容易建立品牌，二来很有可能注册不下来。

确保注册

无论起什么名字，能否商标注册是硬指标。如果这一关过不了，再好的名字也要放弃。因为，没有受法律保护的品牌，就像没有锁门的家，毫无安全可言。

案例分享

蒙牛

蒙牛，在“暗示品类”方面是一个成功的名字。这个名字一听，第一个想起的品类肯定是牛奶，而且还能联想到内蒙古大草原。

他们当初还想过一个名字叫“蒙奶”，但放弃了。因为，这个名字虽然也能暗示品类，但容易产生不好的联想。

支付宝 ALIPAY

支付宝，是在“通俗易懂”方面的经典案例。大家一听就能明白，它肯定是一个支付工具，而且看到一次就能记住。

不过，起这类风格的名字，要避免掉进“通用名”的陷阱。

五味良仓

五味良仓，是我们为克明面业提供服务时给一个新品类“五谷养生面”提出的品牌名。

这个名字无论在“暗示品类”，还是在“简单易记”，或是在“美好联想”方面，都是一个好名字。

目前，已经被克明面业成功注册。

案例分享...

看到这三个名字，大家除了通俗易懂、暗示品类以外，还有什么感觉？

可能很多爱美的女孩儿对"美图秀秀"这个名字很有共鸣，觉得这个图片软件才是我要的软件。其实，当你打开360软件管家时，会发现修图软件多达800多种，但只有"美图秀秀"的下载量是最大的。这不是因为"美图秀秀"的功能强大，而是这个名字在女孩们的心目中产生了共鸣。

爱奇艺，相比优酷和PPTV，进入视频领域比较晚，但仍然快速崛起了。很多人喜欢用爱奇艺的原因，其实不在于它的视频多，而在于这个名字同样在人们的心目中产生了共鸣，有一种良好的联想。

开心麻花，实际上是两个通用名组成的品牌名，按理说不是最好的品牌名，但是"开心麻花"这个名字同样能够在爱好喜剧的观众心目中产生共鸣。

所以，我认为，这些名字都是好名字，因为它们有个共同的特点是能够在目标顾客的精神世界里产生共鸣。

这两个名字你怎么看？

去哪儿？

很多人沿着"美图秀秀"、"爱奇艺"、"开心麻花"的命名套路，生搬硬套地认为"去哪儿"也是一个成功的品牌名。

然而，我不这么认为。因为，第一、"去哪儿"是个十足的通用名，商标注册都很难，不利于建立品牌；第二、"去哪儿"与"美图秀秀"等名字相比，在顾客心目中所产生的共鸣不够，甚至不如"携程"有感觉。

现在，一个不争的事实是："去哪儿"已经被"携程"收购了。

BUY+

BUY+，是网上被传得沸沸扬扬的一个VR购物平台名称，据说是阿里巴巴推出的。很多人觉得，这个名字很幽默，与"败家"谐音，估计他们是故意这么做的。甚至，有人认为，这是互联网思维。

然而，我不看好这个名字。因为，无论在国内，还是在英语国家，这个名字都不好。国内，确实与"败家"谐音，购物者觉得不吉利，只要出现竞争对手，肯定转换品牌；在英语国家，"buy"也是个通用名，更不能用了。

这类名字有什么不妥？

一个柠檬
五个橙子
六个核桃
八个苹果
……

在中国饮料市场上，以“六个核桃”为代表的不少企业热衷于起“数字+原材料”的品牌名。就像大家所看到的“一个柠檬”、“六个核桃”、“八个苹果”等。这样的品牌命名，好处在于容易引起品类联想，而且暗示一瓶饮料所含的原材料数量。比如，看到“六个核桃”，容易联想到核桃乳，而且还可以产生“喝一罐相当于吃六个核桃”的心理暗示。

然而，这样的品牌命名有两大致命的缺点：

第一、商标注册很难，容易被山寨企业跟进。因为这类名字都属于通用名，所以难以得到法律保护。随着“六个核桃”的知名度提升，市场上很快就出现了山寨版的“六个核桃”，诸如：“六仁核桃”、“六大核桃”、“六颗核桃”等，甚至还出现了“七个核桃”、“八个核桃”和“九个核桃”，让养元（“六个核桃”的生产商）很郁闷，打假也不是，不打也不是。

第二、难以建立牢固的品牌认知。这类的名字一旦多起来，顾客根本记不住谁是谁，很难建立一个长期而稳定的品牌认知。尤其，当“七个核桃”、“八个核桃”出现的时候，“六个核桃”怎么跟它们区分认知是个大麻烦。

因此，大家不要盲目跟风，尽量不要给自己的产品起这类的名字。

品牌征服

第五章

视觉设计

解决品牌的识别问题

视觉设计如何与顾客的精神世界产生共鸣，是右脑驱动市场的秘密武器。

品牌
征服

VI系统的新定义、新使命

**VI系统是品牌个性的视觉输出通道，
它的使命在于设计独特的视觉体系，
而更新的使命是打造强大的视觉锤。***

注：“视觉锤”这个概念是由美国著名营销专家、定位之父艾·里斯的女儿劳拉·里斯所创，其基本定义是视觉上的最独特、最具冲击力、最容易进入顾客心智的视觉要素。本书认为，这个概念非常形象、直接，也好理解，所以也采用了这个词汇。

VI系统的基本框架

一套完整的VI系统，包括基础系统和应用系统。其中，基础系统是VI系统的原点，应用系统则是基础系统的延展、组合和复制。因此，基础系统量小却需要大创意，而应用系统量大却不需要大创意。在后面，我们主要围绕基础系统的具体内容展开说明，应用系统不做展开。

基础系统	应用系统
LOGO设计	企业环境系列
标准色设计	办公用品系列
辅助图形设计	交通工具系列
标准字体设计	员工服饰系列
产品造型设计	终端陈列系列
包装风格设计	广告媒体系列
	印刷出版物系列
	……
	此部分内容根据企业需要可以灵活掌握，可多可少。

LOGO

LOGO是最有可能成为视觉锤的视觉元素，

但不是所有品牌的LOGO都能成为视觉锤。

案例分享

对于万宝路而言，其LOGO并没有成为它的“视觉锤”，而恰恰那个广告中的“美国西部牛仔”形象却成为了“视觉锤”。因此，我们要打造一个强大的“视觉锤”，不能只依靠LOGO，应该在视觉系统中的所有环节挖掘机会。

这仅仅是LOGO

这才是视觉锤！

好LOGO的四大特征

一个品牌的LOGO怎么设计才能成为"视觉锤"？很多设计领域的专家都提出过自己不同的原则。但是，在我看来，化繁为简是关键。我认为，一个好的LOGO，具备以下四大特征就能成为成功的"视觉锤"。

表达清晰

LOGO要清晰表达品牌个性，而不是品牌名称的简单缩写或图形化表达。

表达品牌个性，需要图形、色彩和文字，基本的设计原则是，越简洁越好。

如果在你的品牌个性中有历史元素，而且所占比重很大，那么LOGO可以有传统风格，但是必须要做到精准表达、简洁明了。

视觉醒目

LOGO要足够醒目，有视觉冲击力。最好要做到"看一次终生难忘"。

LOGO的设计有很多种，但可以分为三大类：纯图形、纯文字、文字和图形的组合。这三类设计中，纯图形LOGO的视觉冲击力往往会比较容易做到，纯文字的视觉冲击力往往不太好做。

美感十足

LOGO要符合美学原理，看上去必须要有十足的美感和美好的联想。不同的人对"美"的感觉不同，那么LOGO如何才能做到这一点？

最简单的方法是围绕你品牌的目标顾客审美观来设计。比如，你的品牌是卖给年轻人的，那就要迎合他们的审美需求，LOGO也要前卫、时尚一点。如果是老年人，那就设计得成熟、稳重一点。

使用方便

LOGO要确保原创性，能够实现商标注册，同时在不同媒介物上用起来也要方便。

有些品牌LOGO设计采用彩色的、有过渡色的、立体感的图形。虽然这看上去很漂亮，但容易在实际应用上会遇到麻烦。

所以，LOGO的设计必须要考虑彩色印刷、双色印刷、黑白印刷、浮雕印刷等多种媒介物的应用需要。

案例分享

景德镇弘一文化董事长是一位虔诚的佛教徒，他在景德镇花重金修复了历史名庙——宝积禅寺，可谓功德无量。但是，随之而来的问题是这个寺庙如何产生更高的价值。于是，找到我们，想让我们规划一项旅游地产项目。我们接到这个项目后，利用宝积禅寺附近的5000亩地，规划出了“宝积仙境”佛教主题公园。那么，这个公园的LOGO该怎么设计？

宝积仙境品牌内涵提炼

品牌定位：中国最美的佛教圣地

品牌个性：充满禅意的唯美之境

文化特色：禅宗+徽派建筑+陶瓷文化

广告语：

禅意之境，极乐之美（主推）

心若有禅，如意绽放（辅助）

→

我们想要达到的效果

一听想来

一看想拍

一拍想晒

案例分享...

基于品牌内涵规划，结合当地的文化特色，我们设计宝积仙境的LOGO时，重点抓住了三个视觉元素：莲花、手势和徽派建筑。莲花是佛教元素中非常普遍的视觉元素（如莲花台），手势在佛教里的应用也比较突出（如双手合十），徽派建筑更是宝积仙境所在地最具特色的建筑风格。那么，这三个视觉元素的组合会诞生什么样的LOGO呢？

+

+

案例分享...

宝积仙境的LOGO诞生了。LOGO由莲花的三个花瓣和艺术化处理的佛教手势组成，既带有浓郁的佛教特色，也带有唯美的时尚气息。标准色采用墨绿色，进一步凸显了"禅意"的宁静感，形成了一个独特的视觉锤。品牌名"宝积仙境"四个字也不甘示弱，巧妙融入了徽派建筑的视觉元素，既有当地的文化底蕴，也有十足的现代感，可谓"传承"与"创新"的最佳融合。

宝积仙境
佛 教 主 题 公 园

案例分享...

我们对宝积仙境还设计了极其唯美而富有视觉张力的辅助图形“禅意之花”，形成了一套完整的VI系统。下面是宝积仙境佛教主题公园的LOGO、辅助图形、广告语所形成的平面广告创意示意图。从这个示意图中，大家不知能否体会到好LOGO的四大特征：表达清晰、视觉醒目、美感十足和使用方便？我们希望能够体会到。因为，我们就是围绕这样的原则设计的。

标准色

标准色的选择，理论上取决于品牌个性，但实际上取决于竞争对手。

案例分享

百事可乐同样卖可乐，但为什么不能用红色？因为，可口可乐已经占领了红色。这看似是无奈之举，但是对百事可乐而言，选择蓝色是明智之举，因为它符合与可口可乐“反着走”的品牌战略。

/

色彩的功能

一个品牌的标准色，其作用不亚于LOGO。因为，选择一个色彩，就决定了这个品牌的基调，很多视觉元素都要围绕这个色彩来展开。所以，选择标准色的时候一定要慎重。下面几种颜色是比较常用的，这些颜色带给人们的心理感受也是完全不同的，这里列出来供大家参考。

红色（red）：热情，活泼，张扬；

橙色（orange）：时尚，青春，动感；

黄色（yellow）：灿烂、辉煌、智慧；

绿色（green）：清新，健康，希望；

蓝色（blue）：宁静，自由，科技；

紫色（purple）：神秘，高贵，优雅；

黑色（black）：庄重、豪华、深不可测。

注：标准色里一般不用白色，因为从色彩学的角度看，白色不是一种颜色，而代表空白。所以，选择白色等于没有选择。

用好标准色，同样能成就卓越的视觉锤。

案例分享

喜力啤酒对“绿瓶”的坚持及对“绿色”标准色的坚持，经历多年的沉淀后，已经成就一个强大的视觉锤，为喜力啤酒的品牌个性打造起到了极为重要的作用。如今，当啤酒爱好者们进入全世界任何一家超市看到绿色的啤酒瓶，基本上都能联想到喜力啤酒。这就是喜力的成功之处！

辅助图形

辅助图形，很容易被中国企业忽视；
可它是卓越品牌不可或缺的视觉要素。

辅助图形是什么？

辅助图形，是辅助LOGO出现的图形，它是对LOGO和标准色的一个很好的补充或强化，可以应用于很多视觉表达的地方，甚至包括产品。辅助图形不一定是视觉锤，但它的存在对一个品牌的视觉化起到不可磨灭的作用。下图是可口可乐的辅助图形及应用示例，供大家参考！

Coca-Cola

辅助图形	应用示例

辅助图形，同样能打造出卓越的视觉锤。

案例分享

巴宝莉的辅助图形是那个著名的“格子”图案，看上去很传统，甚至有点乏味。但是，巴宝莉却把这个辅助图形用到了极致，在奢侈品领域打造出一个强大的视觉锤，成为将辅助图形做成视觉锤的经典案例。

案例分享…

天九幸福控股集团是一家平台企业，是企业加速器，核心做企业孵化业务。其VI系统也是我们设计优化的。当时，我们为"如何提炼颇具张力的辅助图形"而思索了很久。设计辅助图形，创意的源泉仍然是品牌定位和个性，因此，我们也着重研究天九幸福控股集团的使命、品牌定位和品牌个性，并提炼出能够形成视觉化的关键词。如下图所示：

TOJOY

使　命：为企业加速，让伙伴幸福

定　位：企业加速器

个　性：乐观向上，洋溢幸福

→ **孵化+幸福=？**

案例分享...

孵化+幸福=？用视觉语言如何表达？

我们找到最能代表"幸福"的吉祥物——鸽子，把鸽子的各种飞翔姿势进行收集，并以"9"的倍数进行向上飞行的排列，从而形成了辅助图形。我们称之为"天九幸福鸽"辅助图形。

案例分享...

"天九幸福鸽"辅助图形的应用示例：形象广告

案例分享...

“天九幸福鸽”辅助图形的应用示例：前台及办公桌

案例分享...

"天九幸福鸽"辅助图形的应用示例：企业文化墙

标准字体

乔布斯为什么因为字体开除人？

看过电影《乔布斯》的人都知道，乔布斯提出在苹果电脑上应用专用字体的提议时，有个员工反对说"字体难道有那么重要吗？"结果，乔布斯一气之下把这位员工给开除了。如果从一个普通观众的角度看，这个行为似乎有点过分，但从品牌经营的角度看，却完全合理。因为，标准字体也是品牌形象的一个组成部分，对品牌个性的打造起到举足轻重的作用。

标准字体，
潜移默化地影响着顾客心智，
用好字体，
有助于达成理想的品牌个性。

字体的暗示作用

与颜色一样，不同的字体带给人们的感觉和暗示也是不同的。一般情况下，传统的字体给人带来的联想是传统的，而新设计出的字体给人带来的感觉是现代的。所以，那些追求时尚的品牌，比较偏爱用新字体。下面这两个品牌的LOGO字体就是典型的传统与现代的两个极端。中国银行采用了中国的毛笔字体及中规中矩的英文字体，而特斯拉却采用了颇具未来感的艺术字体。

标准字体的分类

品牌的标准字体分为两种：艺术字体和印刷字体。艺术字体一般用于LOGO中，就像下图左方"TOJOY"和"天九幸福控股集团"几个字就是在印刷字体的基础上改良设计的艺术字体；印刷字体一般用于日常文件排版及广告文案内容编辑时采用，就像下图右方的"方正兰亭"系列字体就是电脑字体库里能够找到的印刷字体。

艺术字体

TOJOY

天九幸福控股集团

印刷字体

- **方正兰亭大黑简体**
  适用于户外大型制作物的宣传标题，例如：看板、旗帜及宣传刊物标题；
- **方正兰亭准黑简体**
  适用于户外知识牌、宣传刊物副标题；
- 方正兰亭纤黑简体
  适用于宣传刊物内文；
- 微软雅黑
  在字体选择受限情况下，可代替以上三种字体使用。

LOGO最好用艺术字体，印刷字体容易被淘汰。

案例分享

下面这两大银行的LOGO，所采用的中文字体是不同的。中国工商银行采用了普通的印刷字体，即：黑体字；而中国建设银行采用了专门设计的艺术字体。我认为，建行采用的艺术字体生命力会更长，品牌联想也会更好一些。因为，艺术字体就像是经典的艺术品，以它的独特而永恒，不容易被模仿，更不容易因为人们对电脑字体的审美疲劳而遭淘汰。

ICBC
中国工商银行

/

中国建设银行
China Construction Bank

不同字体带给人们的感觉

无论你的品牌用艺术字体，还是用印刷字体，都离不开大家日常见到的常用字体。要么在这些字体中进行选择，要么在这些字体基础上进行改良设计。所以，大家有必要了解这些常用字体带给人们的感觉和联想。下面，我列举了在日常生活中常见的10种字体及容易产生的感觉和联想，供大家参考。

黑体	厚重、正统、强调	魏碑	正气、强硬、俗气
宋体	权威、经典、传统	行楷	自由、洒脱、中国味
楷体	清秀、平和、怀旧	舒体	软弱、轻浮、猥琐
圆体	小资、势利、商业味	彩云	友好、喜悦、肥胖
隶书	文雅、从容、圆滑	细黑	艺术、专业、现代感

产品造型

产品造型设计是最接地气的视觉锤。

案例分享

在产品造型上，最成功的案例可能莫过于苹果。苹果公司无论开发什么产品，始终有统一的风格，看上去像一家人。这就是卓越的产品造型设计理念，也是强大的视觉锤。相比之下，其他品牌的产品，尤其本土品牌的产品，却让人失望，根本看不出这种独特而统一的风格，不同产品之间更是千差万别，白白浪费这么好的视觉资源。确实可惜！

产品造型设计的初衷

解决产品相对固定，甚至永恒不变的风格，而不是细节创意。

案例分享

下面两个产品的造型，都很有感觉。但是，它们之间有本质的区别：雷达手表的产品造型是体现它品牌个性的相对固定的设计风格，而力士香皂的产品造型却仅仅是产品本身的细节创意，虽然看上去很好看，但不具备“视觉锤”的能力。雷达手表的风格是本章节需要解决的，属于战略问题；而力士香皂的造型则是在后面的“产品设计”章节需要解决的，属于执行问题。

固定风格	细节创意
	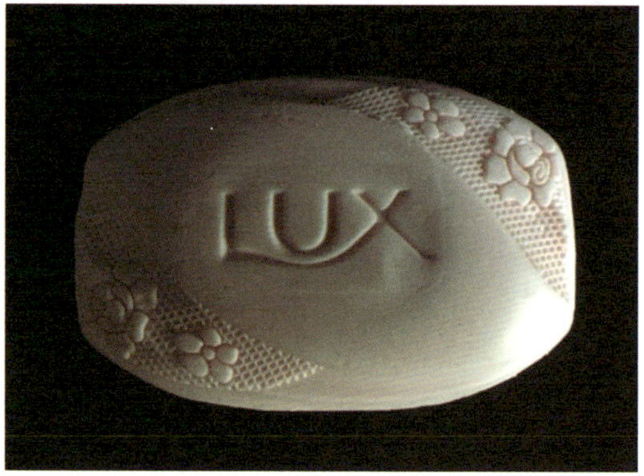

包装风格

产品没有独特造型，就要把包装做得与众不同。

包装风格设计原则

要么传承，要么创新。

传承老包装也是一种胜利！

美国有可口可乐，中国有贵州茅台！

这两个品牌都是传承老包装的成功案例。它们对自己老包装的风格进行长期坚守而获得了强大的视觉锤，也塑造了独特的品牌形象，这一点值得我们学习！

可口可乐的瓶子	贵州茅台的瓶子

如果没有可传承的，那就要创造与众不同。

乳品行业带给我的启示

在中国乳品行业，早期是光明乳业的规模最大，但是后来光明乳业先后被伊利和蒙牛超越了。这是为什么？

难道光明乳业的产品不行？渠道不行？技术不行？还是人才不行？

后来，我发现：都不是，光明被伊利和蒙牛超越的核心原因是文化。是草原文化打败了城市文化！

光明乳业
BRIGHT DARY&FOOD

/

伊利

蒙牛

结论：

基于文化的创造是最具竞争力的创造！

案例分享

我们给湖北一家酒业公司提供品牌战略咨询时，遇到设计产品包装风格的问题。于是，我们想起"文化"的重要性，并挖掘了当地文化元素。结果发现：历史上当地曾经出过两个历史人物：屈原和王昭君。对于一款白酒而言，这两个人物哪个更合适？我们认为，可能王昭君更加合适。因为，现在没有人愿意喝完酒后跳河自尽！

案例分享...

一款白酒，与**王昭君**的“碰撞”会打造出什么样的包装效果？

案例分享...

我们从与王昭君有关的视觉元素中选择了最具代表性的琵琶，并围绕琵琶开发了一个看上去很像琵琶的酒瓶。在平淡无奇的白酒行业里，这种包装风格是前所未有的。这是一种创造，是基于当地文化的一种创造性设计。一个品牌要想打造自己的"视觉锤"，就应该这么做！

视觉设计与精神世界

视觉设计如何与顾客的精神世界产生共鸣，是右脑驱动市场的秘密武器。

案例分享

我们曾经给福建一家服装企业提供品牌战略咨询服务。其中一个品牌叫“沙滩可可”，企业家的愿望是用这个品牌做女式休闲装，但不知道怎么做。我们接到这个项目后，重点研究一个新的品类概念，提炼出“东方假日女装”这个新品类，并把目标顾客锁定在25-35岁之间的、爱臭美、爱旅行的女性。

案例分享...

问题来了：

沙滩可可，如何与她们的**精神世界**产生共鸣？

案例分享...

通过调研发现，这个年龄段的女性正处于风华正茂的年龄，她们最担心的事情就是即将不再年轻。因此，她们有个共同的爱好，就是自我欣赏、自我拍照。对，自拍！我们找到了如何与她们精神世界沟通的方法了。

自拍动作的固化，是与她们产生共鸣的最佳选择

案例分享...

于是，我们把美女自拍的动作固化到"沙滩可可"这个品牌上，塑造了一个爱打扮、爱臭美、自恋、自拍的品牌个性，并将广告语确定为"爱打扮，爱旅行"。下图为"沙滩可可"形象广告示意图。

案例分享...

沙滩可可媒介物设计（示意图）：手提袋、资料架

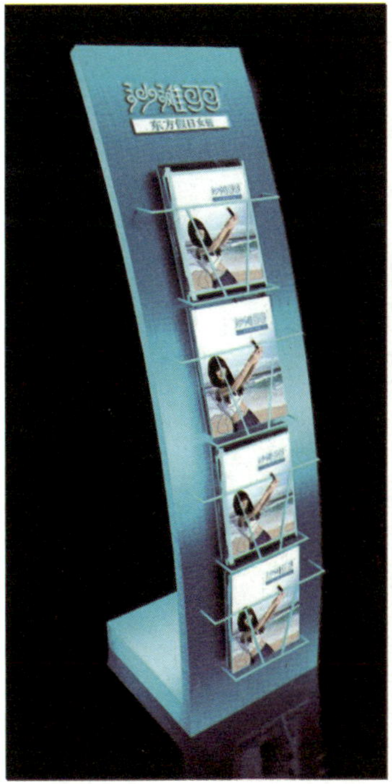

案例分享...

沙滩可可收银台设计（示意图）：我们还设计了一个在服装领域几乎唯一的收银台，整个收银台是一个放大的单反相机造型。顾客第一次去"沙滩可可"的店，也许记不住这个品牌名，但不可能记不住这个收银台。这有助于产生口碑效应，有助于传播品牌。

关于视觉锤的三句忠告

忠告一

锤子太多不是好事，最好不要超过一到两个。

案例分享

百威啤酒的视觉锤到底是什么？很多人分不清楚。原因就是他们在品牌传播层面，传播的东西太多了。从动物到美女，传播了很多内容，但遗憾的是没有一个能够为百威带来品牌价值。所以，百威未来的做法应该是聚焦一个有助于提升品牌的视觉元素，并将它打造成一个强大的视觉锤。

忠告二

视觉锤与品牌内涵有关联比无关联要好。

案例分享

汽车品牌捷豹和奢侈品品牌卡地亚，都采用豹子作为自己的主推视觉形象。那么，到底哪个品牌更加受益？我认为，应该是捷豹。因为，汽车与这个动物有一定的关系，它们共同的特征就是有力量、跑得快。相比之下，卡地亚的产品就与豹子没有那么直接的关系了。

无关联性	有关联性
Cartier	JAGUAR

忠告三

不会坚持，再好的视觉锤也会流产。

案例分享

奔驰的视觉锤是什么？

当我们看到奔驰不同车型的前脸时会发现，其不同车型的前脸造型和风格都不同，有些显得比较商务，有些显得比较运动，有些前脸LOGO立在上面，而有些前脸LOGO镶到进气格栅里边，缺乏统一性不说，还记不住前脸的特征。这是奔驰的一大损失。

案例分享...

其实，奔驰最应该坚持的"视觉锤"是那个经典的"田字格"进气格栅。多年来，这个进气格栅已经成为奔驰的代名词，而且更重要的是这个进气格栅带给人们一种"尊贵"、"典雅"的感觉，这正是奔驰应该拥有的价值。然而，遗憾的是奔驰没有坚持这个外观特征，在不同的车型上采用了不同的进气格栅，从而失去了这个本应该拥有的视觉锤。

品牌
征服

第六章

模式设计

解决品牌的落地问题

一个好的商业模式，是企业基因的重新组织，可以让企业重获新生，甚至可以颠覆世界。

模式的威力

好的商业模式可以颠覆世界

很多策划人给企业提供咨询服务时，从来不碰"商业模式"这个板块。这也是为什么我不愿意被人称为"策划人"的原因。因为，在大互联时代，仅仅设计品类概念、品牌内涵以及视觉元素是远远不够的，我们必须给企业设计出让这些东西有效落地的一套商业模式才行。太多的案例告诉我们，一个好的商业模式可以颠覆世界。

支付宝问世

银行业受不了

微信问世

电信业受不了

滴滴问世

出租车受不了

百度免费开放自动驾驶技术

全世界都受不了

何为商业模式

商业模式构成要素

品类设计、品牌设计和视觉设计，说白了是解决一个品牌的"本身"问题（即：你的品类概念是什么？你的品牌定位和个性是什么？你的品牌视觉又是什么？），而商业模式则回答"环境"问题。也就是这些东西你到底想怎么做？在具体的商业环境中如何变为现实？我把商业模式定义为"三大方式"的组合，具体如下：

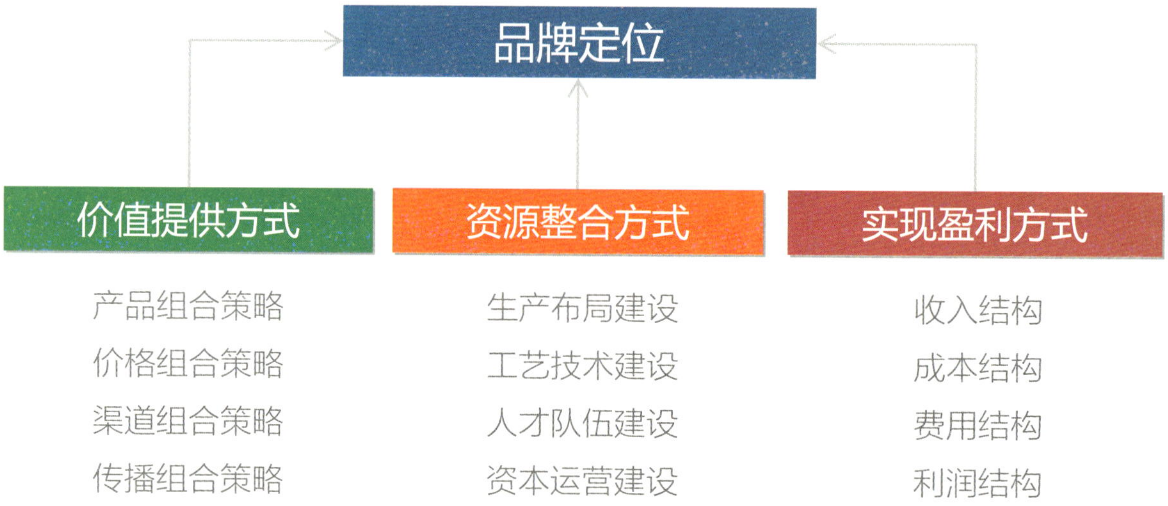

商业模式设计，必须认清商业生物链。

何为商业生物链？

商业生物链=产业链+价值链

下面这张图告诉我们，商业生物链就是由与品牌有关的企业产业链和价值链组成的生物环境，也可以叫商业生态系统。一个好的商业模式设计，必须要认清这个生态系统中的每个要素对企业的影响和作用，通过不同要素的增减和组合，形成对自己有利的商业模式。

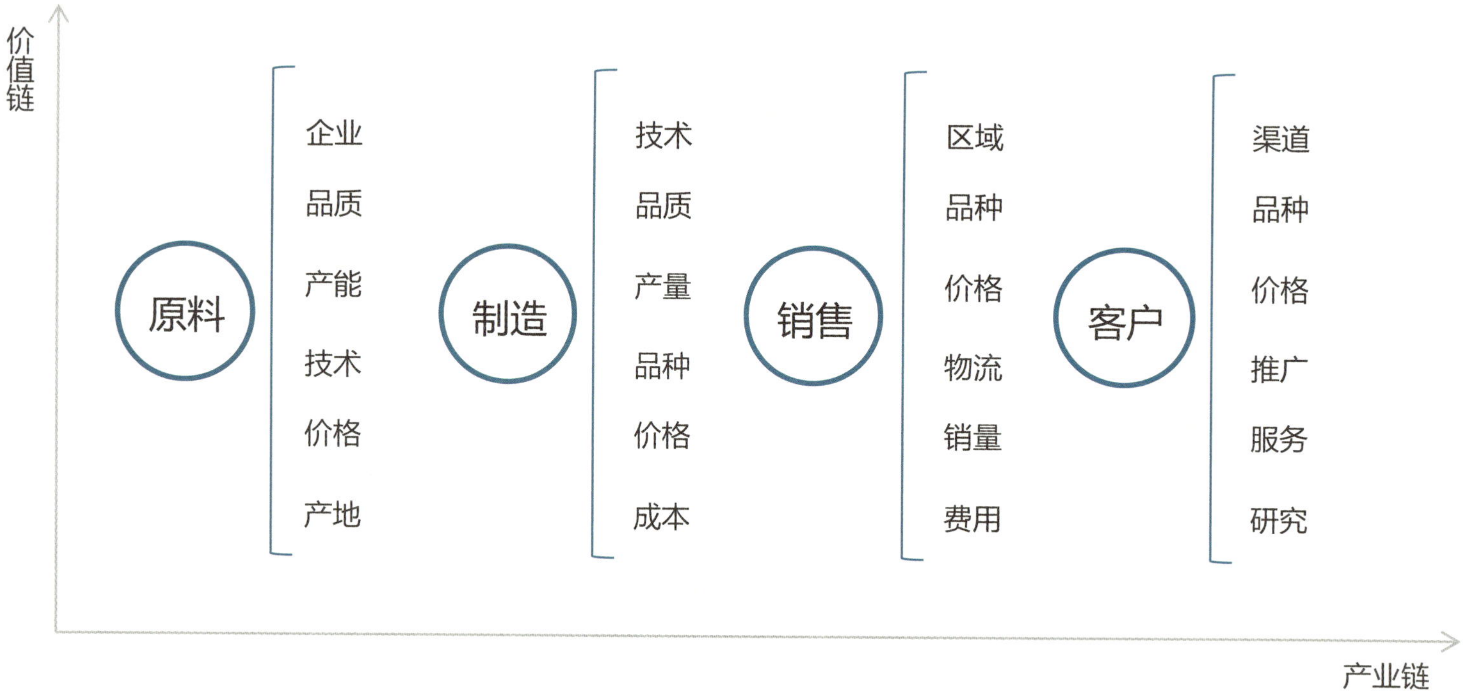

商业模式设计的四种方法

生物链缩短

要么缩短产业链，要么缩短价值链，通过缩短，优化链条，提高竞争力。就像戴尔缩短渠道，用直销的方式给客户定制电脑，华为缩短中间商，直接面对客户提供服务。

生物链聚焦

在生物链的某一个环节高度聚焦，深度挖掘价值，提高竞争壁垒，成为行业专家。
就像英特尔聚焦CPU，通过聚焦成为一个关键环节的专家地位，让链条上的企业离不开你。

生物链外包

外包与缩短不同。"缩短"的意思是干脆不要，而"外包"的意思是自己不做，但让别人做。大家把自己最擅长的东西做好，互为补充。就像耐克把生产环节外包、如家把物业外包。

生物链重构

重构的意思最好理解，就是要重新打造生物链，以前的规则和习惯都不要，完全从一个新的角度重新构建生物链。就像苹果和万达，对商业生物链进行重新设计，将自己做成一个平台，开放给合作伙伴，打开全新的局面。

商业模式设计的五大原则

强化定位原则	– 先有定位，后有模式，不能为了模式而模式； – 所有商业生物链上的设计都要围绕定位进行，要不断强化定位。
不可复制原则	– 定位很容易被人复制，但商业模式不可以，一定要实现独一无二； – 想尽一切办法提高模仿壁垒，确保商业模式不被其他企业复制。
扬长避短原则	– 尽可能在商业生物链上的某个环节进行"控制"或"遥遥领先"； – 基于自己最大的优势，痛击对手的弱点。
相互促进原则	– 商业生物链上的所有设计要素不得有冲突； – 不同要素之间形成互相促进关系。
提高利润原则	– 尽可能实现低成本、高利润，如果成本高，降不下来，就要确保高价值、高利润； – 尽可能实现长期受益，而不是短期辉煌。

商业模式的本质

商业模式，无论怎么设计，其本质不外乎两个关键词：专业化和生态化。这两个词汇并非对立，而是互相渗透，相互推进的。也就是说，你的商业模式在实现专业化的同时也要生态化，生态化的同时更要凸显专业化。如果一定要分一个先后顺序的话，我建议：先做好"专业化"，成功建立一个品类概念和品牌定位以后，再围绕专业化形成生态化。也就是说，生态化要服务专业化。

专业化

专业化，是你区隔对手、超越对手的竞争力。其关键词是：极致！

也就是说，你要把核心力量聚焦到商业生物链的某个环节，并把它做到极致，世上再也没人能超越你。

这就要求企业创建专家型品牌，拥有专家型团队，研发专家型技术，甚至需要建立专家型渠道，一切都要做到"最专业"。

生态化

生态化，是你避免被对手复制的竞争力。其关键词是：唯一！

也就是说，通过整合资源、开放资源、共享资源，形成一个相互促进、共同发展的生态系统，从而做到让竞争对手无法模仿、无法复制、独一无二的商业模式。

这就要求企业要有胸怀，要有开放、包容的企业文化，要拥有整合资源的筹码。

模式设计忠告

忠告一

要基于你的**可获得资源**，而不是现有资源。

这个原则，很多企业家都会忽略。他们设计自己的商业模式时，往往会走两个极端：要么只考虑"我现在有什么"，而不去考虑"我可以获得的资源还有什么"；要么好高骛远，去考虑近10年内根本无法获取的资源。这都是不对的。

基于"现有资源"设计的商业模式是傻把式，而基于"不可获得资源"设计的商业模式是假把式。两者都不可取。

一个真正好的商业模式，应该基于企业的"可获得资源"来设计。这里，"可获得"和"不可获得"之间有个微妙的界限，如何识别这个界限是企业家应该练就的本领。

我给企业设计商业模式，对这个界限的把握通常采用"沟通"和"契约"的方式，即：先与合作方沟通，然后签合作意向书，而不做任何闭门造车的"假设"。假设人家是否跟你合作，是最没用的方法。仅靠"假设"得出来的"可获得资源"，很有可能会变成"不可获得资源"。

案例分享

在万达集团的商业模式中，一个很重要的环节是资源整合，也就是“如何整合企业可获得资源”。

刚开始的时候，万达先找一些商户，把他们想做“城市广场”的想法跟商户讲，并争取与他们达成合作协议。当这种协议超过一定数量的时候，就拿这些协议去找政府讲他们想在这个城市兴建“万达广场”。

很多城市的市政府看到万达能够带来这么多商户，就愿意把城市较好的地段以较低的价格租售给万达集团。

这样，万达可以左手整合商户，右手整合土地，商户的租赁合同是跟着市场价走的，而拿到的土地价格是颇具优惠的，因此当万达广场开业的时候，其实已经实现了盈利。这就是万达的商业模式！

这里需要强调的是，无论整合商户，还是跟政府要地，都是万达集团的“可获得资源”。万达获得这些资源的时候，做好了充分的前期沟通，有效避免了资源的“不可获得”，成就了万达的传奇。

今天的万达，逐渐从以往的“重资产”模式转变为“轻资产”模式，并扩大文化、娱乐、餐饮等体验式消费的比重，再一次实现了商业模式升级。

忠告二

一切资源的整合，要围绕**核心价值**走。

定位和模式，到底谁服务谁？这个问题一定要想明白：一定是模式服务定位。我们设计商业模式的宗旨就是要更好地凸显定位，提升品牌竞争力。因此，一切资源的整合，必须要围绕品牌定位走。

最近，共享单车展开了一场恶性竞争，各路投资人蜂拥而至，纷纷投资这1元钱的小生意。图的是它的核心价值吗？远远不是，而是顾客预付的押金。因为，租用单车的顾客数量到一定规模的时候，押金总额是个庞大的数目，用这个押金可以干很多事情，通过各种资本手段赚取更多的钱。

然而，好景不长。如今马云宣布"共享单车不用交押金，有支付宝就能用"，引起了轩然大波，让那些投资人大跌眼镜。因为，只要有一家不收押金，顾客肯定涌向这一家，其他单车品牌要想继续活命，只能顺从，把以前收取的押金退给顾客。

这样的后果是什么？前面设计的"资本游戏"会落空，一切投资瞬间变为泡影。因为，他们的投资根本就不是奔着单车本身去的。这场资本闹剧再次告诉我们，商业模式设计必须围绕核心价值，必须懂得"有所为，有所不为"。任何偏离核心价值的模式设计，都很容易被击穿、被颠覆。

案例分享

如何让资源服务定位，在这一点上美国西南航空公司的商业模式是值得学习的典范。

美国西南航空的核心价值诉求是“提供低价、快捷、可靠的短途飞行服务”。那么，西南航空围绕这样的核心价值是如何整合资源的？可以感受一下！

首先，他们瞄准自费旅游及小企业出差市场，提供距离不超过700公里的短途飞行服务，并且不提供转机服务。

其次，不通过旅行社售票，简化登机手续，一人持一张塑料登机牌就能上飞机，而且不用对号入座，谁先到谁先坐。

然后，提高起飞频次，每隔20分钟就要起飞一架飞机，同时把价格做到最低，每张机票只售60-80美元。

另外，还为了节约费用，统一采用波音737机型，选择二流机场起降，雇佣二流的人才，而且不提供餐饮服务，不提供头等舱。不提供餐饮和头等舱就能腾出18个座位，多卖18张票，而且还可以少用2个乘务员。

这就叫围绕核心价值的资源整合。他们为了凸显“低价、快捷”两个词，几乎到了疯狂的地步！

忠告三

在商业生物链的某个环节要赢得**主动权**。

商业模式，更像是组合拳，是对企业资源的总体规划。然而，这并不意味着商业模式只有通过"组合"才能形成优势，恰恰相反，企业最好在商业生物链的某个环节要赢得主动权，而商业模式的"组合"就是要强化这种主动权。

主动权，不是独占，而是最佳，在某个方面做到最佳。无论是客户还是原材料，无论是技术还是渠道，总得在一个方面做到最佳。就像微信，当用户数量做到6个亿以上的时候，它的主动权自然就来了。

有些企业家寻找这种"主动权"，总是指望通过政策壁垒来实现"垄断"。主动权不是垄断，通过政策实现的垄断很容易被颠覆，尤其当政策发生变化的时候。

在大互联时代，很多行业的垄断都被一一打破，一个又一个的新技术、新品类开始颠覆传统，颠覆垄断，所以我们不能指望靠"垄断"来维持企业竞争力。新华书店的垄断被网上书店打破就是典型的案例。

因此，我们要知道：主动权是一种能力，而不是屏障。

案例分享

在商业生物链上赢得主动权方面，有两个品牌值得一提。那就是娃哈哈和华为。

娃哈哈，其主动权主要来自于渠道。过去，娃哈哈始终重视市场的"最后一米"，在"纵向渗透、精耕细作、决胜终端"12个字上做足文章，从而夺得中国饮料行业的老大地位。不过现在，时代变了，由于互联网对传统渠道的冲击越来越大，加上娃哈哈自身的品类创新乏力，自从2014年开始，娃哈哈出现连续3年的销量下滑，从2013年的783亿跌到2016年的575亿。不过即便这样，娃哈哈的渠道控制能力仍然发挥着重要作用，苦苦支撑着那500多亿的营业收入。我认为，新时代，娃哈哈需要新战略，无论在模式创新、品类创新上，还是在品牌创新上，都必须要经历一次"脱胎换骨"，在继续保持渠道优势的同时，要开创一个适合于这个时代的新战略来，否则很危险。

华为，其主动权主要来自于技术专利。众所周知，华为的专利技术无论在中国，还是在全世界，都排在第一位，这对华为的崛起起到了至关重要的作用。现在，很多人买华为手机的原因就是奔着华为的技术去的。这就说明，华为是一个有价值的品牌。不过，华为的问题也不少，尤其是华为的消费者业务，是典型的中国传统营销的做法，是左脑思维的玩法，迟早会出问题的，目前只是在华为拥有的光环下被暂时遮住而已。

忠告四

要懂得开放，共享，能“轻”则不“重”。

商业模式设计，之所以跟品类设计、品牌设计一样重要的原因，是因为它能够解决系统问题，解决企业生存的环境问题。

在大互联时代，企业“单打独斗”的模式已经过去，“开放共享”才是真正的未来。企业家必须要有个“开放”的心态和“共享”的意识，要与外界合作，实现共赢。UBER和滴滴的成功就是典型的开放和共享的成功，在传统经济时代，我们很难想象自己没有一辆车的公司居然能做到行业老大，但现在完全可以。

未来的企业，可能都要实现“生态化”，要实现“平台+个人”，或多或少都要开放产业链，共享价值链，形成一个属于自己、利于大家的“小宇宙”。有些企业也把这个“小宇宙”命名为“生态系统”。

在这个“小宇宙”里，未来的合作模式一定是“各取所长，优势互补，共同发展”。也就是说，大家都要干自己最擅长的那一部分，剩下的事情就要通过合作来完成。

因此，在未来，企业要多研究“轻资产”模式，在企业运营环节，能“轻”则不“重”，能“无”则不“有”。

案例分享

蒙牛

蒙牛乳业创业之初，仅仅凑起来1000万元资金。这点钱，对于乳品企业来说，甚至不够用来买设备。

按照正常的方式，即使买了设备，也没有钱去构建销售渠道，维持正常经营了。然而，蒙牛还是崛起了，原因就在于他们在那个时代就懂得“轻资产”模式。

当时的蒙牛，提出“先建市场后建工厂”的思路，把仅有的1000万元分拆成三份：用1/3的钱承包、租赁、托管效益不佳的中小型乳品企业，得到必需的厂房、设备等重资产和劳动力；用1/3的钱进行品牌宣传，在小范围内创造广告优势；另外1/3的钱维持日常经营。对于奶源建设，同样采用了发动农村和畜牧区的奶农、民间资本集资建立奶站，他们只管负责采集奶农生产的原奶，完全省却了奶源建设的投资。

通过“轻资产”模式，蒙牛乳业第二年的销售额就达到3700万元，是其建厂资金的3.7倍。也正是通过这种模式，蒙牛大大缩短了进入乳品行业的周期，快速发展成为中国乳业的第二大企业。

忠告五

要时刻掂量自己几斤几两，避免冒然扩张。

商业模式设计，还有一个很重要的法则是控制好发展的节奏。

什么时候应该“快”，而什么时候应该“慢”，在商业模式层面必须要精心设计，严格把控。

在很多企业的会议室里，“扩张”是最受欢迎的词汇，尤其是企业家非常喜欢“扩张”。更要命的是，当企业第一步成功的时候，“扩张”就会变成这家企业的必由之路。

曾经的五谷道场、太子奶等传统企业都在这个方面栽了跟头，而现在的凡客诚品和小米也在这个方面尝过苦头。

然而，遗憾的是，那些企业的经历和教训并没有警醒大家，多数企业家仍然在“扩张”的道路上头破血流地往前冲。

所以，这本书对企业家而言一个很大的价值就在于，告诫他们一定要懂得如何把握企业“扩张”的节奏。不是不“扩张”，而是有节奏、有把握地“扩张”。

案例分享

乐视

在胆大包天的企业扩张上，乐视可能就是典型。这家企业，虽然被人们所认识和关注的时间不长，但是所作所为却令人惊叹。近几年，各种议论和评价在网上蔓延，让乐视不得安宁。

其实，我本人非常敬佩贾跃亭（乐视创始人）这个人，作为创业者他非常勤奋，非常投入，而且对自己所做的事情充满信心。这一点，值得我们学习。

然而，他的问题就是野心过大，急于求成。从而，把好端端的企业带到了水深火热之中。如果乐视在"扩张"方面略微控制节奏，情况会好很多，就不会惹来如今"生死存亡"的大考验。

其实，我并不怀疑贾跃亭"东山再起"的本领，但是我怀疑你的品牌形象受损后的"修复"能力。一个栽过跟头的品牌重新修复形象，再次回到舞台中央是需要"时间"的，需要"大创意"和"大投入"的。全世界无数个失败的案例证明，这个方面的成功概率非常低。

所以，放慢脚步、把握节奏、夯实基础，是一个企业健康发展的关键。

第七章

产品设计

解决品牌的竞争问题

互联网思维的“极致”是“为了赚钱，所以极致”，而本书所指的“极致”是“为了亲人，所以极致”。

品牌
征服

为什么把品类设计和产品设计分开？

读者也许会产生这样的疑问：品类设计和产品设计不是一回事吗？为什么要分成两大板块来写呢？下图可以让大家了解其中的原因。从品牌咨询的角度看，品类设计回答的是“做什么”，而产品设计回答的是“做成什么样”，更重要的是它们俩中间还隔了一个“怎么做”。所以，分开是理所当然的。

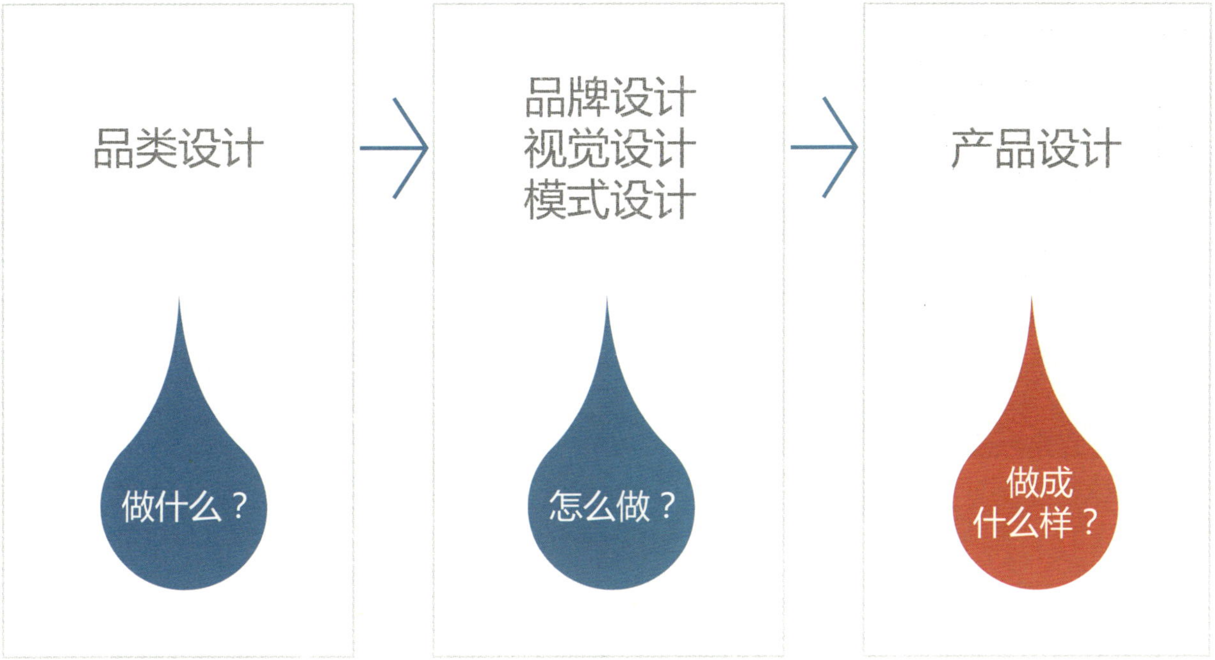

伟大的产品是怎么设计出来的？

像乔布斯一样设计产品。

锐角定律

就产品开发而言，“更多”是一种阻力，而不是便捷。

锐角定律的重要性

如果顾客的心智是一块木板，那么品牌就是一颗钉子。穿透木板，锐角钉子容易，还是钝角钉子容易？这个道理是不用讨论的。然而，很多企业向市场推出新品牌时，往往忽略这个定律，一开始就想“全面出击，遍地开花”。也因此而招致失败。所以，这里特别强调一下：当一个新品牌走向市场的时候，一定要懂得“锐角定律”，聚焦核心产品，聚焦核心人群。

1+2+N模式

那么，如何把握"锐角定律"？我建议大家可以考虑"1+2+N"模式。该模式的具体描述如下：

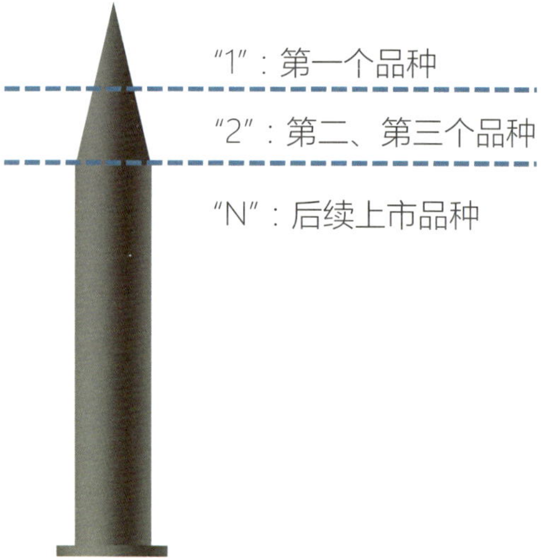

"1+2+N"模式

- 先推出一个品种，并坚持一段时间（如一到两年）；
- 第一个品种站稳脚跟后，再推出1到2个辅助品种，并同样坚持一段时间（如两到三年）；
- 三个品种都形成"气候"之后，再推出剩余品种，形成系列化；
- 不过，对"N"要有严格的数量控制，不能自高自大，全面开花。

案例分享

苹果公司iPad的上市符合“锐角定律”

案例分享...

宝马公司的产品推出符合"锐角定律"

"1"：5系（中大型轿车，1972年上市）

"2"：3系（中型轿车，轿跑车，1975年上市）

"N"：6系（豪华轿跑车，1976年上市）

7系（豪华轿车，1977年上市）

M系（赛车运动系列，1978年上市）

X系（越野车，1988年上市）

Z系（敞篷跑车，1999年上市）

1系（两厢轿车，轿跑车，2009年中国上市）

i 系（混合动力车，2014年上市，在探索阶段）

产品开发不仅要明确我要打谁，更要明确该怎么打。

相关说明

本书提倡竞争导向，是为了借力、为了做到不同。因此，无论在品类设计上，还是在产品设计上，都强调锁定竞争对手。对手可以是一个品牌，也可以是一个品类。

但是，这并不意味着本书只提倡研究竞争对手，而忽略研究顾客需求。后面，我还会介绍一些非常专业的顾客洞察工具，毕竟顾客研究是必不可少的。

本书强调“竞争导向”的意思是，研究顾客需求的时候也要以竞争的理念去研究，而不是为了研究而研究。因为，我们不能忘记：市场不是真空的，时刻面临着方方面面的竞争。而在这场竞争中，我们抢夺的就是顾客对我们有利的认知。

案例分享

我们给福建一家服装企业提供品牌战略咨询时，对旗下一个高端商务女装品牌EIMI的产品设计提出了详细的咨询建议。当时我们认为，EIMI要想进入高端商务休闲装领域，必须明确我要“打”谁，于是我们锁定了“玛丝菲尔”这个品牌。那么，它有什么可以“打”的呢？研究发现，有两个点可以成为我们的突破点，具体如下：

案例分享...

玛丝菲尔和EIMI的目标顾客都担心什么？研究发现，这个级别的女装顾客年龄都偏大一点，收入较高，要么是富婆，要么是即将成为富婆的中年女性。她们刚刚失去青春，步入中年，担心的东西越来越多。不过，其中与服装有关系的担心有两个，具体如下：

年龄分布：35-50岁
教育背景：大中专以上学历
婚姻状况：已婚
消费能力：收入高，有一定消费能力
消费态度：

- 注重面料的舒适感
- 着装会考虑场合
- 偏爱简单的款式，可以搭配饰物
- 对价格敏感度较弱
- 随着年龄的增长，更加喜欢靓丽的服装
- 对自己的体形缺乏自信，怕发胖
- 会有几个固定购买的品牌
- ......

→ **怕老气**

→ **怕发胖**

案例分享...

通过找到竞争对手的"攻击点"和目标顾客的"担心点"，我们就知道EIMI的产品该怎么设计了。我们提出了"双色"设计的概念，建议把EIMI的服装全部进行双色设计。而且，颜色的搭配可以做得靓丽一点、时尚一点。品类名取名为"艺彩修身商务女装"。

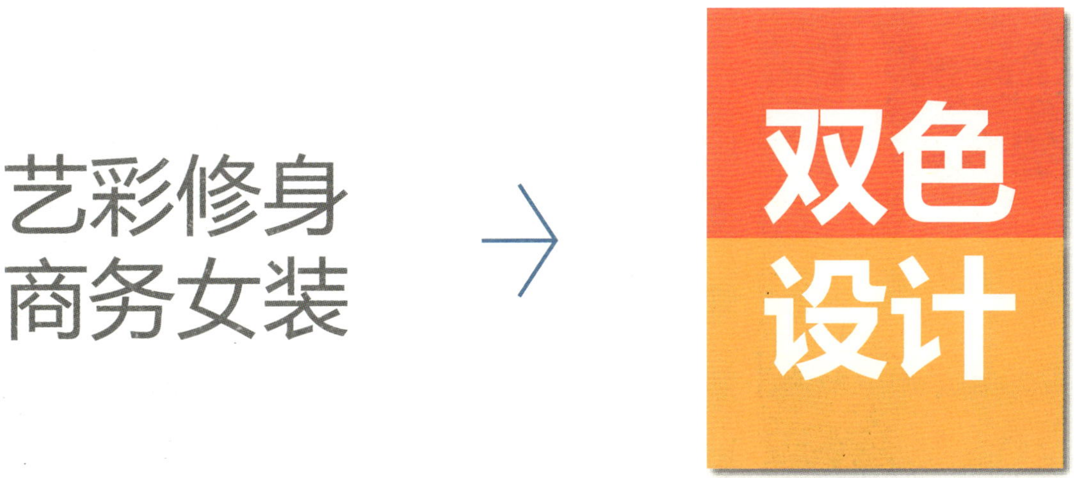

案例分享...

双色设计，具体怎么体现呢？我们提出了三种设计方法：撞色设计、顺色设计和修饰色设计。示意图如下：

撞色设计	顺色设计	修饰色设计

案例分享...

通过研究我们发现，“双色设计”的风格还可以扩展到不同材质的搭配。于是，又得到了三种设计风格，示意图如下。这样下来，客户就不用担心“双色设计是否有局限性”的问题，反而有利于凸显一种设计风格，在市场上形成概念，赢得眼球和口碑。

撞色、修饰混合

不同材质混合

修饰、材质混合

案例分享...

通过产品设计，能够成功站到竞争对手的对立面，是最好的品牌战略。通过我们的“双色设计”，我们做到了站到玛丝菲尔的对立面，形成了完全不同于玛丝菲尔的服装风格，给EIMI下一步发展奠定了基础，最后到底能否成功，那就看企业家能否有信心坚持做下去。因为，在中国服装领域，尤其在中高端服装领域打造一个成功的品牌不是一件容易的事情。

/

注：以上图中，EIMI的图片（右图）为示意图片，来源于网络，并非正式发布的广告，在此仅仅为了说明与玛丝菲尔的服装风格有所不同。

产品开发要明确你的主打产品是什么。

案例分享

万宝龙和爱马仕，都是奢侈品级别的品牌，仅仅卖一个品类的产品，也许他们都生存不了。但是，这并不意味着他们没有主打产品，更不意味着他们没有起家品项。万宝龙是做钢笔起家的，爱马仕是做马具起家的。在中国，他们的产品品种很多，但人们还是觉得万宝龙的主打产品是钢笔，而爱马仕的主打产品是皮带。

MONT BLANC

HERMÈS PARIS

案例分享...

EIMI的主打产品应该是什么？我们同样做出了详细的设计。研究发现，风衣是在这个价位上非常适合做的主打产品。因此，我们从"油纸伞"的造型中获取灵感，并设计了叫"伞形廓领双色风衣"作为EIMI的主打产品。而且，我们建议客户把这款风衣的价格要定到接近于巴宝莉的战壕风衣的价格。下面是示意图：

伞形廓领双色风衣

用极致思维挑战不可能，赢得顾客的绝对认同。

案例分享

用极致思维，做极致产品。

在这个方面，苹果是不可争辩的经典案例。尤其，乔布斯生前的苹果公司更是值得尊敬。

乔布斯开发iPhone4的时候，技术人员基于技术难度，把镜头设计成从机身往外凸起1毫米，结果遭到了乔布斯的否定。当时的乔布斯就给他们下了一个死命令：机身不可能变厚，无论你们想出什么办法，必须把那个1毫米缩回去。这就是极致思维。

通过两个星期的艰苦研发，技术人员最终解决了这个问题，把那个凸起的1毫米缩了回去。

后来，奇迹发生了，iPhone4风靡全球，并把苹果公司推向了全球市值第一的位置。

然而，乔布斯去世后的苹果，在"极致"方面做得越来越不够，就算在手机品类上，后续推出的iPhone5、iPhone6、 iPhone7都表现平平。

顾客不是专家，要懂得通过感性驱动理性。

感性驱动理性的“三个大于”

我在“品牌个性”章节中提出一个观点：市场是靠右脑驱动的。那么，这个观点要落实到产品上该怎么设计呢？现在我就告诉大家一个办法：“三个大于”。原理是有效锁定顾客的“爱美”之心、“好奇”之心和“虚荣”之心，设计出能够产生共鸣的产品。

好看＞好用

好看，解决的是顾客的“爱美”之心。

好用是所有产品应该有的标配，必须做到。但仅仅“好用”是不够的，还要做到“好看”，而且在顾客的心智中“好看”的分值要超过“好用”才行。

好玩＞好多

好玩，解决的是顾客的“好奇”之心。

设计产品，要融入“娱乐”思想，在技术上未必一定要实现功能多样化，但必须让顾客感到好玩儿。也就是说，“有意义”的同时必须“有意思”。

好酷＞好贵

好酷，解决的是顾客的“虚荣”之心。

设计产品，充分满足顾客的“炫耀”需求，价格未必最高，但在呈现形式上必须要做到“最酷”，让顾客在消费你的产品时感受到一种自豪感。

感性驱动理性，愉悦驱动功能，右脑驱动市场

案例分享

贝瑞滋，是法国一家洗护品牌。它推出了一款产品叫“玫瑰净颜洁面乳”，很受女孩子们的喜欢。这款产品就是典型的“感性驱动理性”的设计。当你把瓶盖两端的粉色按钮往下按的时候，洁面乳就会从瓶子里开出一朵白色的玫瑰花，让女孩子们为之尖叫。也许这款产品在技术或品质上没有什么可说的，但是这一项愉悦特征的设计就让它变得与众不同、颇具销售力。

开发工具

产品开发要有工具意识，好工具会逼着你做好产品。

产品开发流程

做产品，在不同的行业有不同的流程。不过，无论哪个行业开发产品，都离不开从构想到定义，从定义到研发，从研发到上市的过程。因此，下面的产品开发流程值得大家参考。

产品构想

- 参考品类设计
- 参考品牌设计
- 参考视觉设计
- 参考模式设计
- 竞争对手研究
- 目标顾客研究

产品定义

- 产品描述
- 卖点提炼
- 产品组合策略
- 产品定价
- 技术与资源支持

商业分析

- 规模贡献分析
- 利润贡献分析
- 投资回报预测

产品开发

- 产品研发
- 包装设计
- 产品测试
- 包装测试
- 价格测试

产品试销

- 试销市场选择
- 反馈收集
- 产品优化
- 营销策略优化

产品上市

- 确定上市时间
- 确定上市地点
- 制定执行方案
- 确定推广费用
- 确定生产及物流安排

顾客洞察工具

顾客研究，工具可谓多如牛毛，但是，我们更喜欢下面这个工具。这个工具的原理非常简单，就是把目标顾客按照品类消费和品牌消费两个维度分成四个类型，然后问两个问题即可：满意的理由和不满意的理由。参考下表：

品牌消费程度	品类消费程度：低	品类消费程度：高
高	**特殊顾客群** ■ 消费本品牌产品后满意的理由有哪些？ ■ 消费量不大的原因是什么？	**核心顾客群** ■ 消费本品牌产品后满意的理由有哪些？ ■ 还有什么愿望或不满？
低	**游离顾客群** ■ 有需求没有消费的原因有哪些？ ■ 认为自己没有需求的原因有哪些？	**潜在顾客群** ■ 消费本品牌产品不满意的原因有哪些？ ■ 对其他品牌有哪些方面是满意的？

机会研究工具

市场机会，往往会隐藏在顾客的满意和不满意之间。满意的叫优势，不满意的叫机会。做营销的人，一定要时刻把握目标顾客的这些有价值的满意和不满意，并通过下面的工具进行细分，再看看我们的机会到底在哪里。

	有价值的满意	有价值的不满意	所发现的机会	企业能力匹配性
物质需求（有限的、可量化的）	1、 2、 3、	1、 2、 3、		
物质欲望（无限的、不可量化的）	1、 2、 3、	1、 2、 3、		
心理需求（有限的、可量化的）	1、 2、 3、	1、 2、 3、		
心理欲望（无限的、不可量化的）	1、 2、 3、	1、 2、 3、		

产品特征提炼工具

产品的特征一般分为三个方面：基本特征、功能特征和愉悦特征。基本特征是行业标配的体现，功能特征是品牌定位的体现，而愉悦特征是品牌个性的体现。下面的工具可以帮助你提炼产品的这三大特征，让你的产品变得更有竞争力。

	价值提供	有形表达	人性化
基本特征			
功能特征			
愉悦特征			
整体重要性			

	内容	加权	得分
核心产品			
外围产品			
外延产品			

案例分享

伊利

伊利婴幼儿奶粉

案例分享...

2002-2003年，是伊利奶粉腾飞的元年。当时，本人就在伊利奶粉担任全国市场总监兼战略总监。那个时候，伊利奶粉的销量敌不过三鹿和完达山，处于比较落后的位置。于是，我们对营销战略进行了调整，聚焦在婴儿奶粉上，并做了下面的分析：

	竞争者婴儿奶粉特点	伊利婴儿奶粉特点	顾客利益对接
制造配方	不精确，如： 蛋白质：18-22g 钙：550-680g ……	精确，如： 蛋白质：19g 钙：630g 脂肪：20g……	营养不多不少 孩子不胖不瘦
营养元素	早期的国家标准，已经不适合婴儿营养需要	更加科学： 更加接近母乳 不同年龄不同配方	不用担心孩子的智力、体力的均衡发育 不用担心孩子容易生病
性价比	价格便宜，但品质不过关	国际品质，国内价格	以国内价格享受国际品质

案例分享...

通过研究，我们确定了伊利婴儿奶粉的三大特征，并提炼出前期广告语和后期广告语。

	强化什么？	增加什么？
基本特征	强化天然、纯正的概念 品质好，口味好	“无害菌生产”的概念
性能特征	冲调性能突出 强化不同年龄的不同营养	将要增加活性双歧杆菌 然后升级时添加DHA、AA
愉悦特征	包装设计创意化	引入关爱的概念 完整产品的一致性体验
品牌定位	能够提供精确营养并促进吸收的婴儿营养专家	
前期广告语	“不多不少就是好”、“国际品质，精确营养”	
后期广告语	“吸收到位，表现出位”、“精确营养有效吸收”	

案例分享...

在前面的研究基础上，我们对伊利婴儿奶粉的功能设计出功能地图，进一步明确了我们到底在哪些优于对手，优到什么程度。当时我们重点强化配方、冲调、包装设计和整合传播能力。

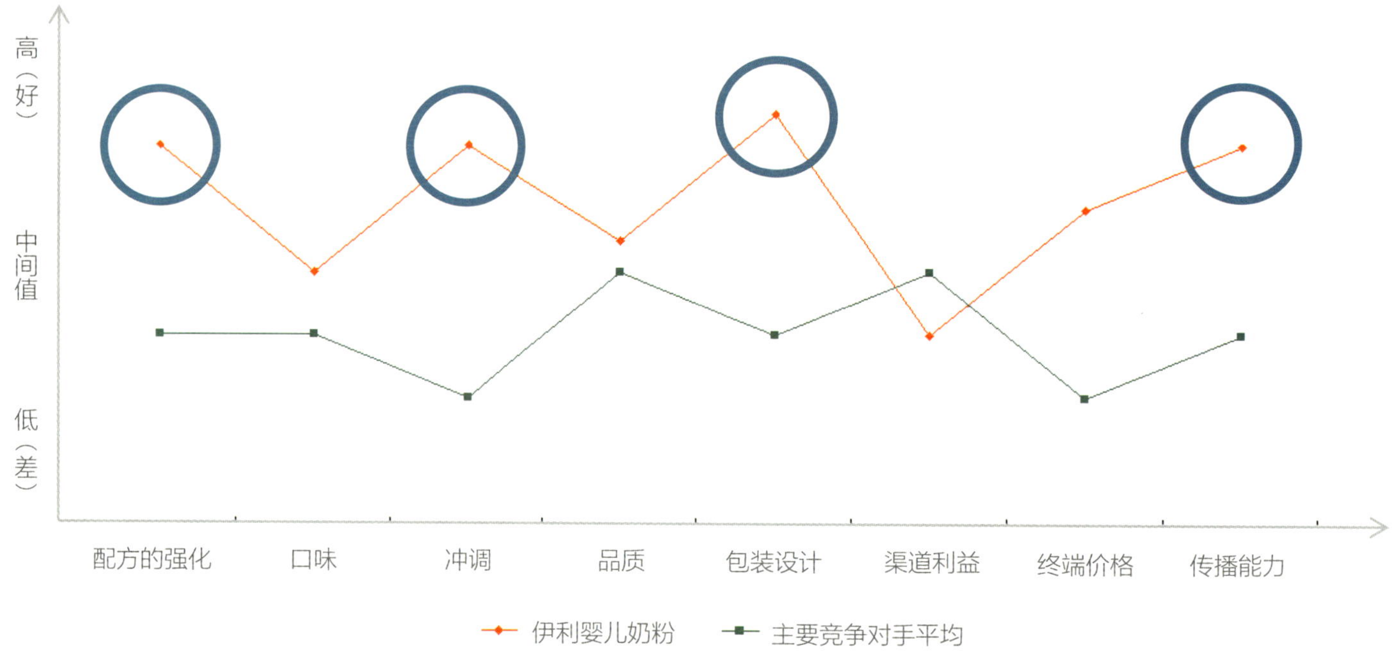

案例分享...

在认真研究的基础上，终于把产品做出来了，并设计出它的平面及电视广告。下图为平面广告设计图：

注：此广告创意出自智威汤逊北京分公司创意团队。

案例分享…

奇迹发生了！通过我们的努力，伊利婴儿奶粉连续4年以100%以上的速度增长，4年实现产品销量增长20多倍，给伊利集团交了一份惊喜的答卷。截至目前，伊利婴儿奶粉已经成为伊利集团最赚钱的产品，营业收入接近100亿，成为中国奶粉行业的领导品牌。下图为伊利婴儿奶粉自2001年到2005年的销量增长趋势图。

[当年中国奶粉行业平均增长率为7% - 8%]

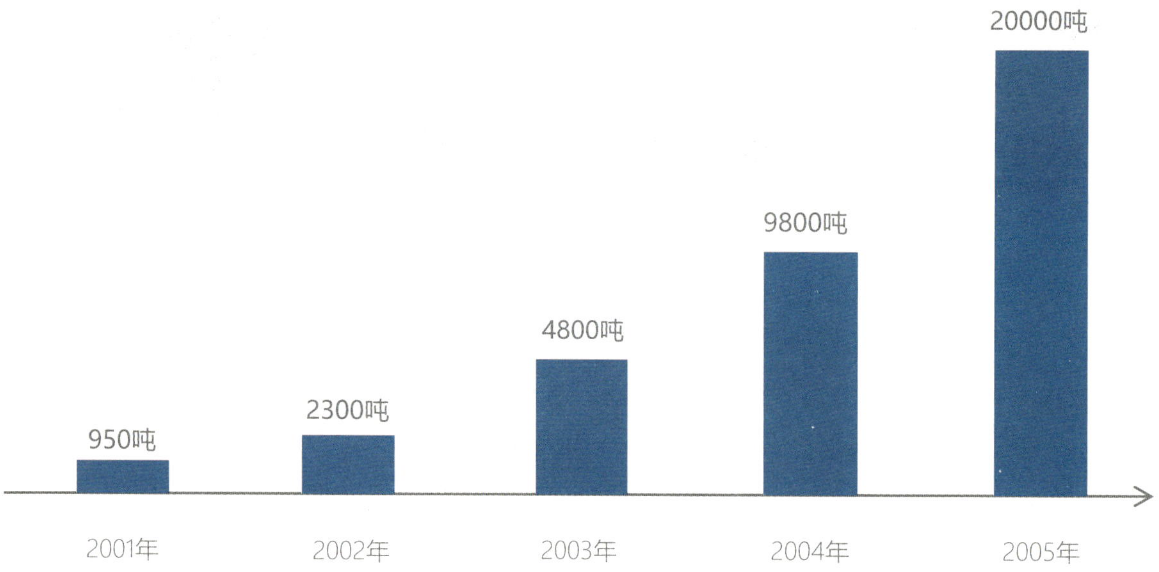

包装设计

包装是产品的衣服，这件衣服要穿出品牌个性。

案例分享

万宝路的品牌个性应该是粗犷的西部牛仔，但是这个个性在产品包装上却没有什么体现。尤其，万宝路开发白色包装的香烟，不得不说是一大败笔。相比之下，联合利华推出的凌士男士沐浴露就好很多。这个品牌的个性应该是性感男士，我们在它的包装上也能看出这一个性。它的包装颠覆了普通沐浴露的形状，凸显了男性的肌肉感，看上去确实很性感。

Marlboro

LYNX

/

包装设计必备的6大要素

一个好的产品包装，必须要做到新颖、独特，充分体现品牌个性的同时，还要做到要素齐备，不产生歧义。包装设计必备的6大要素如下：

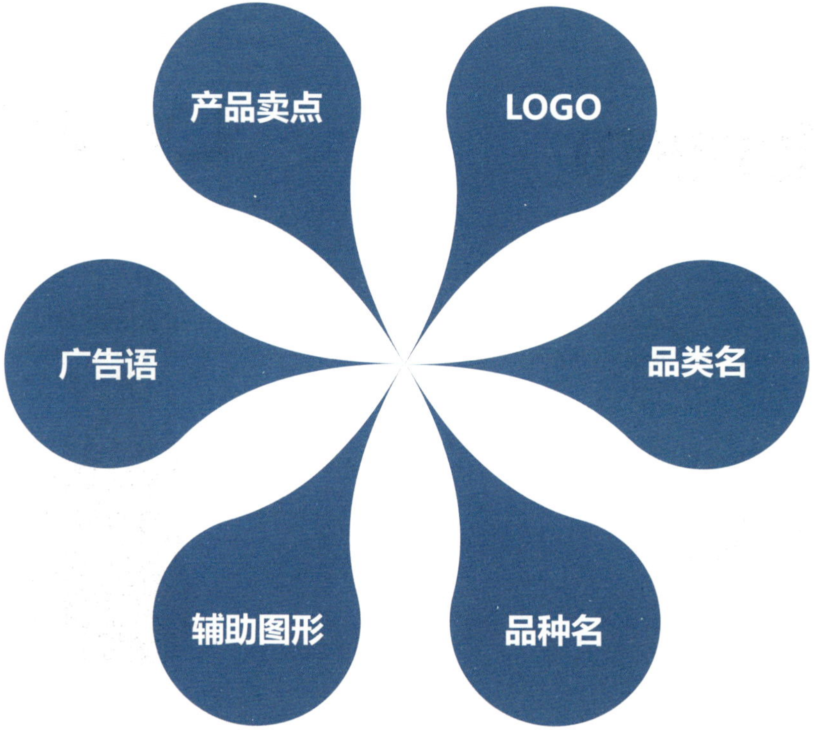

案例分享

要素完整的伊利婴儿奶粉包装设计：

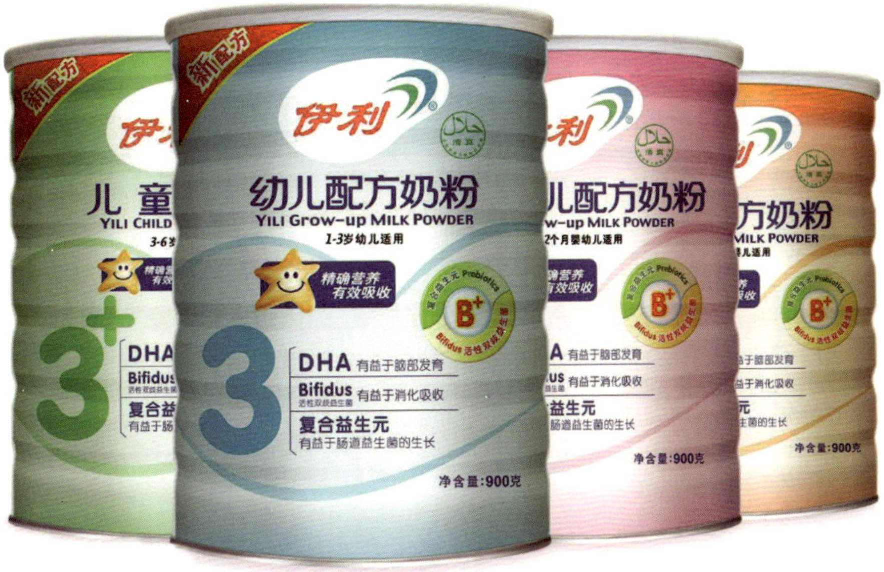

包装设计“四化”

包装设计，需要实现“四化”：人性化、创意化、仪式化和系列化。具体解释如下：

人性化	要符合顾客需求，为顾客的便捷、舒心而设计。 比顾客自己更关心顾客，是人性化设计的关键，是典型的“亲人”思维。
创意化	尽量要形成“视觉锤”，让人感到新颖、独特、有趣、难忘。 创意化是“右脑驱动市场”的重要环节，为做好该项工作企业必须舍得投入。
仪式化	当人们打开包装时，会产生一种仪式感，强化顾客在心智中的某种生活方式或美好愿望。
系列化	形成系列包装时，要确保协调统一，做到“风格一致，多而有序”。

案例分享

人性化方面，宝洁公司的洗发水是值得一提的案例。宝洁公司的洗发水，瓶盖几乎全部是平的。为什么不能是圆的呢？因为，顾客使用洗发水，快用完的时候，不太容易倒出来，如果你倒着放，需要洗头的时候一挤就出来了，更加方便一些。另外，倒着放，更容易把瓶子里的洗发水用干净，不浪费，这对那些喜欢精打细算的顾客而言是非常贴心的关照。这就是人性化。

人性化

创意化

仪式化

系列化

案例分享...

法国连锁超市Intermarché调查发现，顾客在超市购买果汁的频次越来越少，而去鲜榨果汁店的频次越来越多。因此，他们想出了一个创意，推出一款"即时鲜榨"的橙汁产品。直接在瓶子放置品牌LOGO的地方贴上了果汁的榨出时间，而且每一瓶的榨汁时间都在变化。这瓶橙汁的逆袭，为超市增加了25%的来客数，也创造了单品销量最高的业绩记录。这就是创意的力量。

人性化

创意化

仪式化

系列化

案例分享...

在仪式感方面，微信红包是一个成功的案例。当你收到别人发来的红包时，从看到红包，到拆开红包，再到收红包，很有仪式感，让你享受到了一种类似收到纸质红包的快感。如果不做这种仪式感设计，用直接转账的方式体现的话，可能这个产品不会这么成功。因为，红包和转账在顾客心智里是完全不同的概念。所以，我们设计产品包装的时候，要增加包装的仪式感。

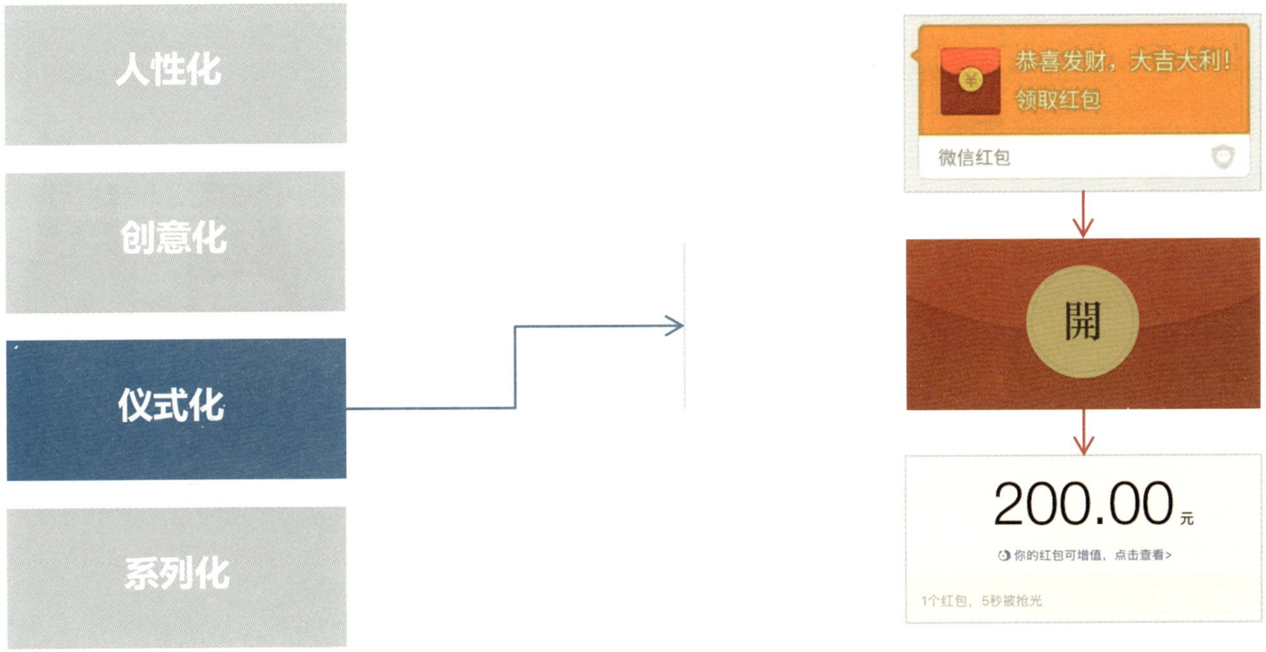

案例分享...

产品多而有序，是包装"系列化"需要做到的。"东方树叶"上市时推出了四个品种：红茶、绿茶、茉莉花茶和乌龙茶。这就需要"包装系列化"。从他们的包装上看，也采取了用四种不同颜色来区分品种的方法。然而，他们在瓶子形状和要素安排上保持高度一致的前提下，在瓶子的颈部又采用了"东方树叶"的标准色（绿色）来统一四个瓶子的风格。从而实现了多而不乱。

人性化

创意化

仪式化

系列化

把好3D建模的细节关，让设计完美落地。

案例分享

华商祥云，是湖北一家酒业公司的特供酒品牌。我们接到这个项目规划任务后，从品类定义到品牌规划，再到包装设计，对所有环节都做了详细的规划。这里重点分享设计产品包装的环节。

虫草浓香酒

分享案例...

我们设计包装前，了解了一下中国白酒行业的产品包装设计情况，深深感受到，各个厂家几乎把能想到的形状和材质全部用到了，在白酒行业设计出一个特立独行的包装变得非常难。这给我们带来了很大的挑战。

案例分享…

马爹利XO酒瓶带给我们的启示：

马爹利设计其酒瓶造型时，并没有限于传统酒瓶，而是跳出传统思维，大胆创意，借用埃菲尔铁塔的拱形建筑曲线来设计酒瓶，成为世界级经典。法国人可以这么做，我们就不可以吗？这个案例让我们豁然开朗，跳出了思维禁锢，找到了新的思考领域。

案例分享...

创意诞生

基于马爹利的包装设计思路，我们也试图从中国的特色建筑中寻找灵感，对全国多个城市的特色建筑图片进行收集、分析后，觉得北京的盘古大厦造型非常符合“华商祥云”酒的特点，尤其楼顶上的火炬造型可以形成一个强大的视觉锤。于是，我们设计了如下方案。

案例分享...

产品包装**平面设计**图：

3D建模之前，需要把平面图设计出来，主要目的就是确定包装的规格、要素摆放的位置及比例。

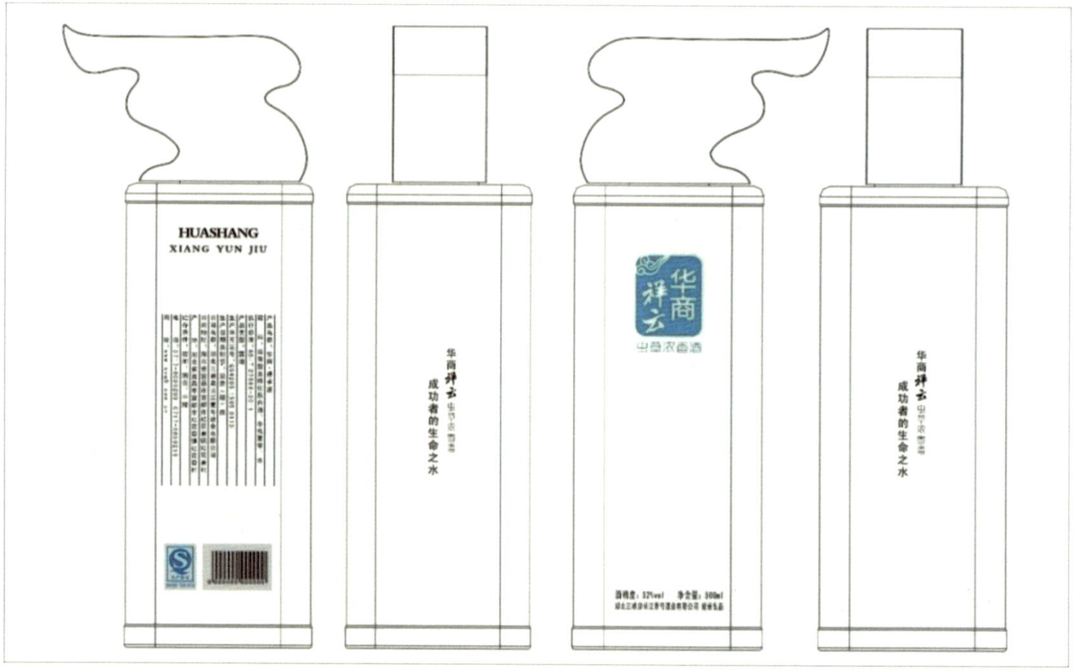

注：该酒瓶3D建模工作由深圳左和右包装设计公司协助设计。

案例分享...

产品包装3D建模：

通过3D设计软件进行建模，从不同角度看看包装的设计效果，这样做的好处在于能提前看到产品包装制作出来以后的效果。建模以后，如果发现问题，调整和修改的成本会大幅降低，而且效率也非常高。这就是3D建模的另外一个好处。

注：该酒瓶3D建模工作由深圳左和右包装设计公司协助设计。

案例分享...

从里到外的3D演练：

将包装做到这个程度，基本上算是完美落地了。这也进一步告诉大家：在品牌设计部分提到的"包装风格"设计和在产品设计部分提到的"包装设计"有什么不同。这里所提到的包装设计，必须把包装的每个细节都做到位，而不仅仅是一个风格图纸。

注：该酒瓶3D建模工作由深圳左和右包装设计公司协助设计。

产品定价

价格涉及战略，更涉及认知，定价须谨慎。

不合理降价=扼杀品牌

产品定价，上市之前就要研究到位，上市之后就最好不要做大调整。否则，会影响品牌认知，丢掉顾客。恒大冰泉上市之初，想做成高端矿泉水。但是，上市以后，由于种种原因，未能坚持住高端定价，中途进行了一次大调整，从高端矿泉水一下变成普通矿泉水。这是一大败笔。如果你想成为中国的依云，就必须像依云一样坚持品质，坚持高价，否则梦想不可能实现。

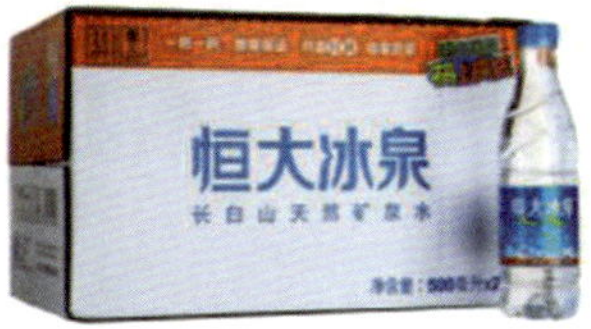

¥48.00

【京东超市】恒大冰泉 长白山天然矿泉水 500ML*24 整箱

已有191799人评价

降价前：4.00元/500ml

↓

降价后：2.00元/500ml

注：价格来自京东商城。

不合理涨价=赶走顾客

产品能否涨价？我认为，可以涨价。但是，理由要充分。比如，功能升级、原材料涨价、品牌价值提高等等。然而，娃哈哈纯净水，因为换包装而涨价，而且瓶子容量从596ml缩小到550ml，确实不太符合涨价的逻辑。也许娃哈哈的出厂价并没有涨，也许确实也涨了。但不争的事实是，终端价格确实涨了。这种理由不充分的涨价很容易赶走顾客，一定要谨慎！

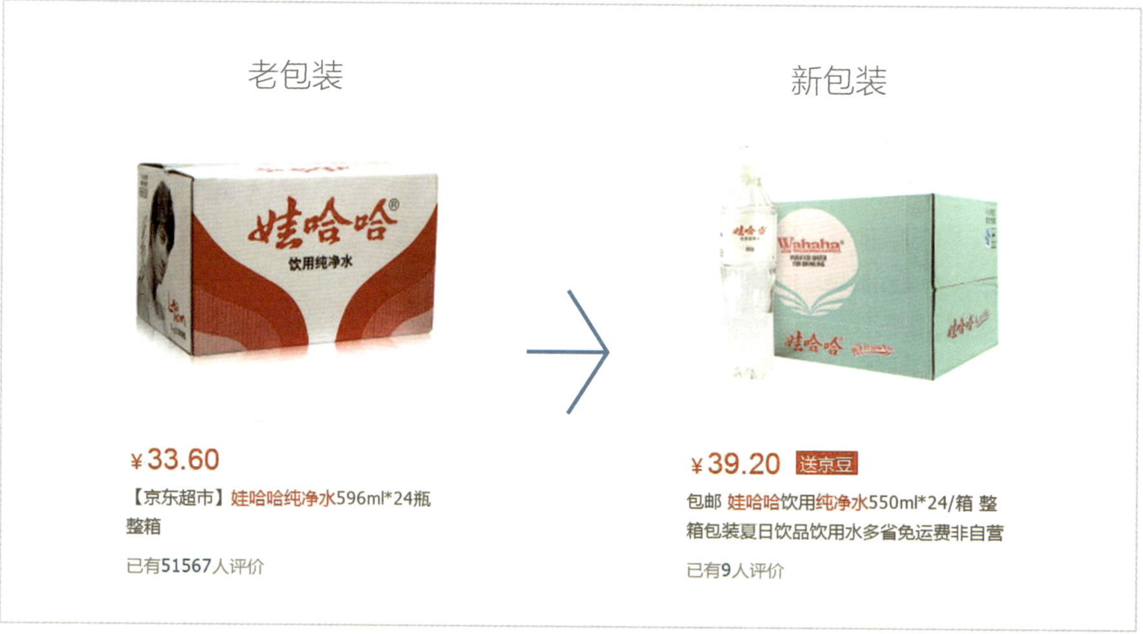

注：价格来自京东商城。

影响定价的三大因素

竞争因素之“围剿定价法”

竞争导向的定价策略有好几种，如：追随定价（永远比对手便宜一点）、压制定价（永远比对手贵一点）等。但是，我比较欣赏的是“围剿定价法”。即：主打品种比对手贵，而非主打品种比对手便宜。这样的定价，既有助于品牌建设，也不影响产品销售，是一个“一箭双雕”的定价法。微软的Surface pro4 针对苹果的iPad pro 所采用的定价策略就是典型的“围剿定价法”。

iPad pro

Surface pro4

案例分享

2013年2月微软Surface Pro 发布，引起了苹果公司的关注。时隔两年，2015年9月苹果也发布了iPad Pro。这就形成两个品牌针锋相对的局面。这时，微软用了Surface Pro4的围剿定价来打了一场围剿战。256GB及以上产品价格比iPad pro贵，而128GB的产品比iPad pro便宜，形成了良好围剿局势。这样，贪便宜的顾客可以买128GB的产品，而看重性能的顾客可以买256GB及以上的产品。这样的价格围剿正好把iPad pro夹在中间，让iPad pro上不去、下不来，从而赢得市场的主动权。

iPad pro

品种	价格（元）
9.7英寸iPad Pro（32GB/WiFi版）	4388
9.7英寸iPad Pro（128GB/WiFi版）	5188
9.7英寸iPad Pro（256GB/WiFi版）	5488
12.9英寸iPad Pro（128GB/WiFi版）	6399
12.9英寸iPad Pr（128GB/Cellular）	7388

Surface pro4

品种	价格（元）
12.3英寸/M3/4GB/128GB/中国版	4999
12.3英寸/i5/4GB/128GB/中国版	6288
12.3英寸/i5/8GB/256GB/中国版	7988
12.3英寸/i7/8GB/256GB	10600
12.3英寸/i7/16GB/256GB/中国版	12700
12.3英寸/i7/16GB/512GB	15000
12.3英寸/i7/16GB/1TB	18900

注：价格信息来源为ZOL产品报价网

心理因素之“价格甜蜜区”

给产品定价要知道一个概念，叫“价格甜蜜区”。就拿矿泉水举例。通过顾客洞察发现，普通的矿水泉价格甜蜜区在1.00-3.00元/瓶之间。如果你的定价高于3.00元/瓶，人们觉得价格偏高；如果低于1.00元/瓶，人们便觉得价格过低。所以，根据你的品牌战略，找到你合理的价格位置很重要。要么就在甜蜜区，要么远离甜蜜区。略高或略低于甜蜜区都是不太明智的定价策略。

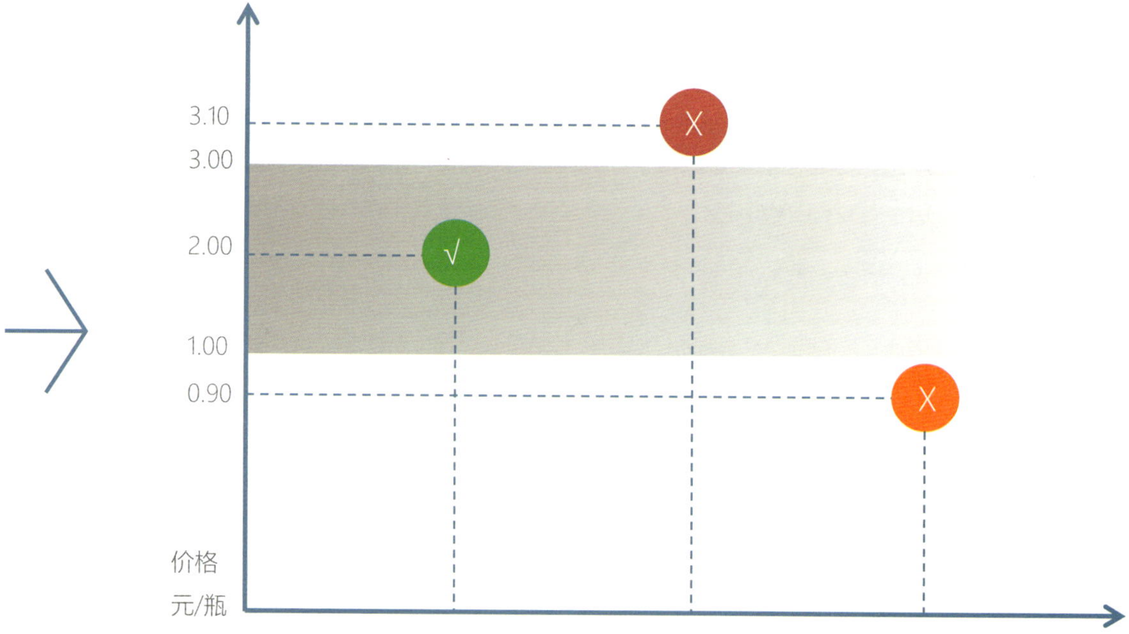

成本因素之“聚焦变动成本”

成本导向的定价，需要考虑成本是应该的。但是，应该考虑什么成本至关重要。我认为，要关注“变动成本”，而非“固定成本”。因为，变动成本是随着销量的增减而波动的。在不同行业，单位变动成本呈现以下三大特征，而在这三种特征下的定价策略是截然不同的。

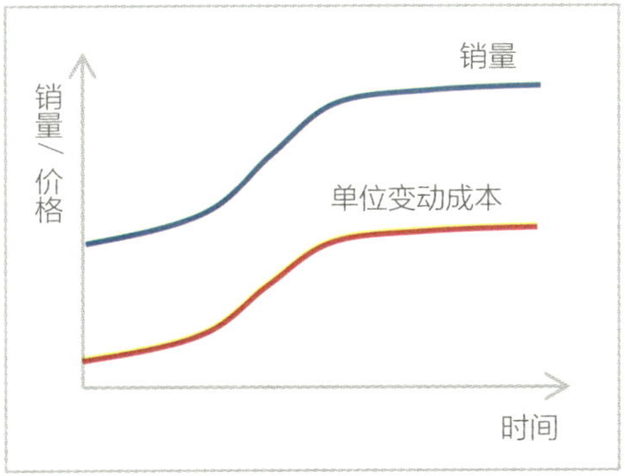

变动成本随着销量的增长而增长

价格策略：维持价格，逐年涨价

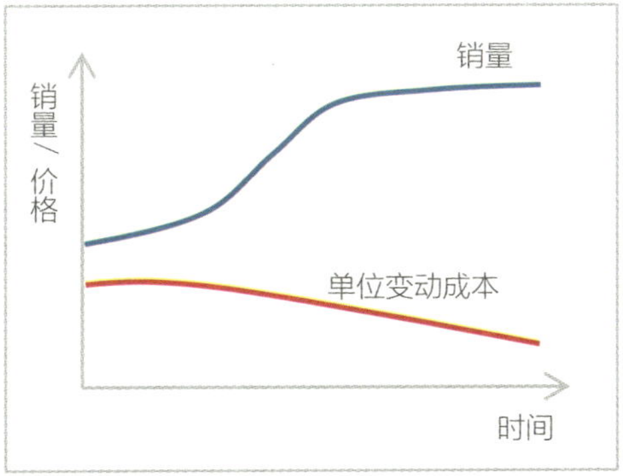

变动成本随着销量的增长而下降

价格策略：根据销量，适当降价

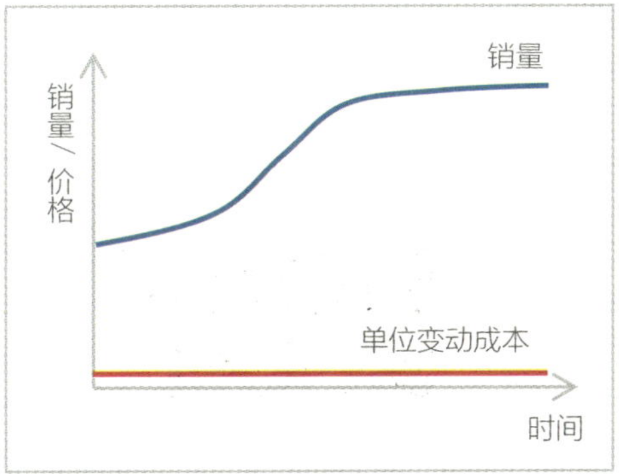

变动成本与销量无关，且接近于零

价格策略：“黄金品质、粪土价格”

案例分享

万宝龙为什么逐年涨价？

万宝龙，以高端钢笔进入奢侈品领域，通过多年的奋斗，现在已经在全球奢侈品市场上站稳了脚跟。

细心的顾客可能发现了一个问题：万宝龙的产品，今年不买，明年更贵，年年涨价。这到底是为什么呢？

从影响定价的三大因素考虑，就不足为奇了。

首先，从成本的角度考虑，作为奢侈品，随着销量的增长、品种的增加，无论是固定成本还是变动成本，都会随着增长，如果你的产品价格不涨，可能哪一天就会面临“有销量无利润”的尴尬。所以，必须涨价！

其次，从心理的角度看，作为奢侈品，年年涨价，顾客才会真正把你放在心上，老顾客不会觉得“亏了”，而新顾客也不会期待降价。所以，也必须涨价！

案例分享...

李翔商业内参只卖199元，到底赚不赚钱？

近两年，付费知识产品开始盛行，很多咨询机构都纷纷推出自己的收费知识产品，并开始受益。其中，得到APP推出的《李翔商业内参》是典型的这种类型的产品。2017年3月订阅客户已接近10万人，我本人也是其中一员。

不过，有人问：《李翔商业内参》天天都推送，一年的费用才199元，能赚到钱吗？这里，我来回答这个问题。

作为知识产品，《李翔商业内参》非常符合我前面所提到的"单位变动成本接近于零"的状态。即：订阅用户1000个和10万个，其成本几乎没有变化，变动成本不会因订阅用户数量的增加而增加。这就说明，这个产品订阅数量越多，产品的单位总成本就越少。所以，当这个产品有10万人订阅的时候，别说199元，哪怕是19.9元，都能赚到钱。

所以，这类产品就可以用"黄金品质、粪土价格"来定价。

注：本页图片来源为得到APP《李翔商业内参》

自己做的“狗食”自己先吃。

——任正非

任正非的这句话值得我们深思！

一个好的产品设计出来以后，大家都关心"能否卖起来"。其实，这个问题的答案十分简单，我们可以问自己两个问题，如果答案是肯定的，你这个产品一定能卖起来；如果答案是否定的，那肯定卖不起来。这叫"自己做的'狗食'自己先吃"，也符合本书所倡导的"视顾客为亲人"的理念。这两个问题分别是：

1

你设计的产品，
你自己会买吗？

2

你设计的产品，
你会推荐给你
最亲的人买吗？

伟大公司需要的逻辑

下面五个步骤是一个真正伟大的公司应该遵循的逻辑。其起点是"亲人"，而终点也是"亲人"。不过，需要解释的是，这里所讲的"极致"与互联网思维所讲的"极致"有本质的区别。互联网思维讲的"极致"，其前提是钱，"为了赚钱，所以极致"。而这里所指的"极致"，前提是使命，"为了亲人，所以极致"。这才是真正负责任的"极致"。

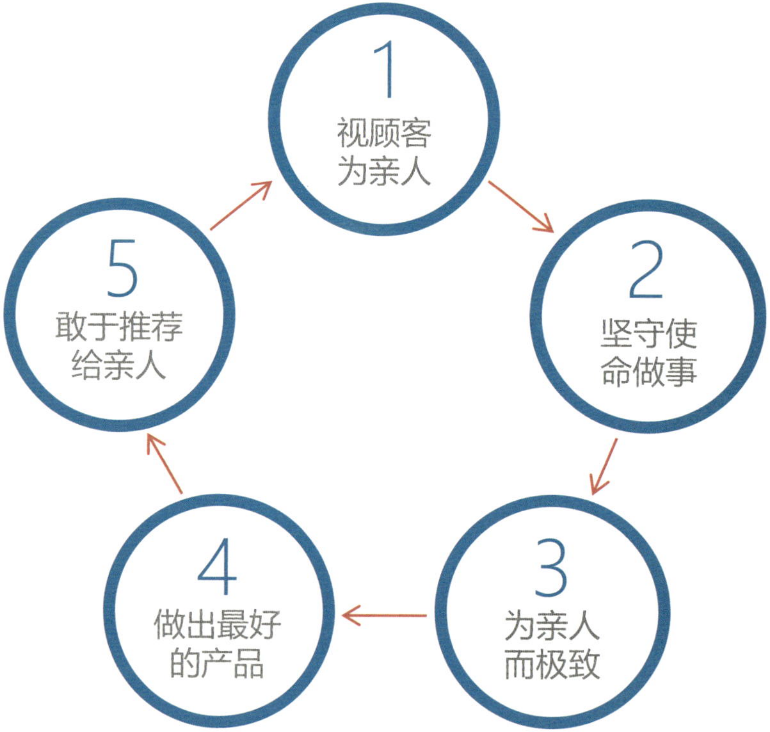

第八章

传播设计

解决品牌的沟通问题

在大互联时代，品牌传播的核心任务就是建立认知，沟通认知，强化认知。

品牌传播是什么？

做个比喻，假设顾客心智是一块木板，品牌定位就是一颗钉子，品牌个性是一把锤子，而握着锤子的手就是品牌传播，它的精准程度、力度大小和把握节奏的能力都会直接影响一个品牌能否成功进入顾客心智。打得不准，浪费资源；劲儿太小，难以穿透；而劲儿太大了，容易砸到手。因此，品牌传播不仅仅是资源投入，更是找好角度、精准聚焦、把握节奏、科学投入的过程。

广告策划

品牌传播的真谛

在大互联时代，单纯的广告投放已经不能解决问题了，甚至广告行为早已受到顾客的强烈反感。因此，品牌传播要重新审视传统的传播模式，需要从新的角度思考问题。不过，需要指出的是：在大互联时代，“传播”这个词汇应该被“沟通”所取代，即：我们未来要与顾客沟通品牌，而非传播品牌。其核心任务是建立认知，沟通认知，强化认知。因此，品牌传播的真谛是：

选择一个词，重复一个词，占领一个词。

经典案例

选择，重复，占领。关键在于选择。那么选择什么词汇呢？其实，这里的选择指的就是品牌定位。你的品牌有什么样的定位，就该选择什么样的词汇。就像宝马的定位是“驾驶乐趣”，所以，它的广告语是“纯粹的驾驶乐趣”；就像红牛的定位是“提神，缓解疲劳”，所以，它的广告语是“困了累了，喝红牛”。这都是成功的案例。

纯粹的驾驶乐趣

困了累了，喝红牛

争议案例

不过，也有存在争议的。比如：耐克的“JUST DO IT”、欧莱雅的“你值得拥有”等。这两个品牌由于长期传播，也已经各自拥有了这两句广告语。但问题是：这两句广告语与这两个品牌的定位有什么明确而固定的关系？大家得不到答案。因此，引起了业界的争议。在此，我的观点是：拥有一句广告语肯定比没拥有要好，而拥有能够强化定位的广告肯定比普通广告语要好。

→ JUST DO IT

L'ORÉAL 欧莱雅 → 你值得拥有

你的文案合格吗？

宁可要100万的文案，也不要100元的文案。

案例分享

什么样的文案价值只有100元，又是什么样的文案价值可达100万元？下面这两个案例会给我们答案。价值100元的文案，虽然也很想把品牌推出去，但语言组织模糊、品牌带给顾客的价值不清晰、没有销售力、沟通效果差，也就难以建立强大的认知。而价值100万元的文案，则是铿锵有力、定位清晰、直达人心、颇具销售力，从而达到了沟通的目的，建立了强大的认知。

	价值100元的文案	价值100万元的文案
PATEK PHILIPPE GENEVE	尊贵气质，非凡品味	没人能真正拥有百达翡丽，只不过为下一代保管而已。
伊利 纯牛奶	奉献精良品质，共享美好生活。	天天，天然！

如何才能写出有销售力的文案？

要想写出有销售力的文案，建立清晰而强大的顾客认知，就必须要做到以下四点：

远离普世价值	远离含蓄表达	简单而有效	通俗而不恶俗
+	+	+	+
王老吉： 怕上火，喝王老吉	格力： 好空调，格力造	红牛： 困了累了，喝红牛	杜蕾斯： 尽情，尽性
-	-	-	-
我们一直在努力 不懈追求完美 没有最好，只有更好 只为点滴幸福 经典精铸，隽永典藏	厚德载物 善建者行 光临风韵之境 真诚到永远 以母爱为最高标准	你值得拥有 我能 7，在此 只要你想 我是凡客	苏州一家饭馆：不要告诉别人，你的肚子是被我搞大的 某方便面（2001年）：泡的就是你

注：+为成功案例，-为失败案例。

如何鉴别视频广告创意的好坏？

如果平面广告是一封情书，

那么视频广告就是一场约会，

对顾客的影响越大，

对创意的要求就越高。

视频广告创意的四大标准

根据视频广告有画面、有文字、有故事情节、有音效、有旁白等综合特点，衡量其好坏也需要更多的维度。但是，作为方法和工具，化繁为简是关键。因此，下面我就把那些复杂的鉴别方法简单归纳为"四个是否"，供大家参考。

定位是否清晰？

广告创意是否突出了品牌定位，是否清晰表达定位。这一点至关重要。有些广告公司喜欢走感性路线，甚至试图把广告创意拍成连续剧，把所有广告片连续播放的时候，你能看出一个完整的故事。这种玩法，看似很有意思，其实意义不大。因为，顾客关心的是你的产品有什么好处，而不关心广告故事里的剧情有什么进展。

文案是否有销售力？

好的广告文案，应该简单、有力、直达定位，而且要勾起人们的消费欲望。

当我们看到一条视频广告文案，如果找不到这种感觉，这个创意就会有问题。在此，具体要求可参考前面提到的"如何才能写出有销售力的文案"部分。

记忆点是否突出？

一个好的视频广告，一定要有强有力的记忆点。哪怕它是俗气的。如：万宝路的"牛仔"、麦当劳的"叔叔"、脑白金的"收礼只收脑白金"等。

如果人们第一次看到你的广告，没能记住，就已经说明你的广告不能算是优秀的广告；如果看了三次都记不住，那肯定是一条烂广告。

故事是否有共鸣？

好的视频广告还有一个标准，就是在顾客的内心深处产生共鸣。这可能比"记忆点"更重要。

脑白金的"收礼只收脑白金"，人们是记住了，但是，多少人能和这条广告产生共鸣呢？我想，应该微乎其微。所以，脑白金的广告不能算是好广告。

案例分享

我们为什么能记住德芙巧克力？

德芙巧克力的定位是"丝滑感受"。看过德芙广告的人，其他的也许记不住，但是对那个咖啡色的、飘来飘去的丝绸一定印象深刻。这就是记忆点。

其实，巧克力的丝滑感受，用视觉原本很难表达，但德芙却用一条柔软的丝绸把它表达得淋漓尽致。

值得借鉴！

记忆点，可以来自视觉方面，也可以来自听觉方面。无论来自哪里，必须要有一个鲜明的记忆点，要做到过目不忘，甚至终生难忘。

案例分享...

我们为什么忘不了“雕牌”的“妈妈，我能帮你干活了”？

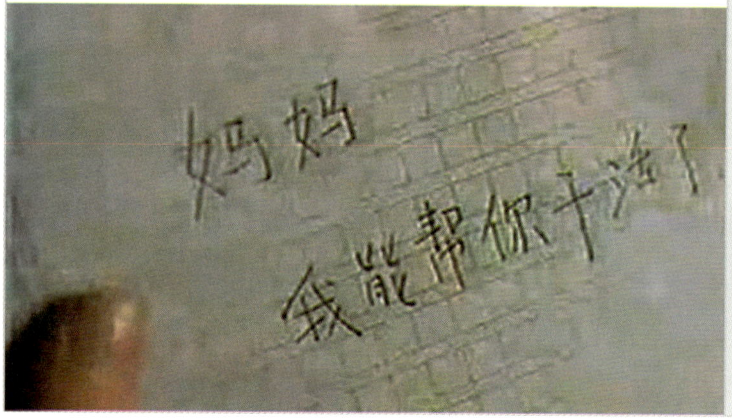

1999年，雕牌洗衣粉拍摄的一条广告片在顾客的内心深处产生了强烈共鸣。

故事情节是这样的：在外面，下岗失业的妈妈不断地找工作，又苦又累。这时，在家里，懂事的孩子把衣服洗得干干净净。孩子自述“妈妈说雕牌洗衣粉只要一点点，就可以洗好多好多的衣服，看我洗得多干净！”最后，熟睡的孩子留给妈妈一个纸条：“妈妈，我能帮你干活了。”当年，这条广告发布后，不知感动了多少人，可谓一炮而红。更重要的是，这个创意成功带出了“雕牌洗衣粉很省钱”这个诉求点。

一个好的创意故事，就应该这么做：要么新颖到让人瞠目结舌，要么煽情到让人潸然泪下，否则很难产生真正的共鸣。

公关策划

新时代新传播

不要总惦记广告宣传，要学会公关起步。

公关起步的方法

公关起步，其原点就是本书在"品牌设计"章节中所提到的"定位概念化"，一切公关活动的策划、组织，围绕定位概念化来展开才会更为有效。创意可以五花八门，但是传递的信息必须要保持一致，强化定位。借鉴相关咨询机构的做法，我把公关起步的方法归纳为以下四点：

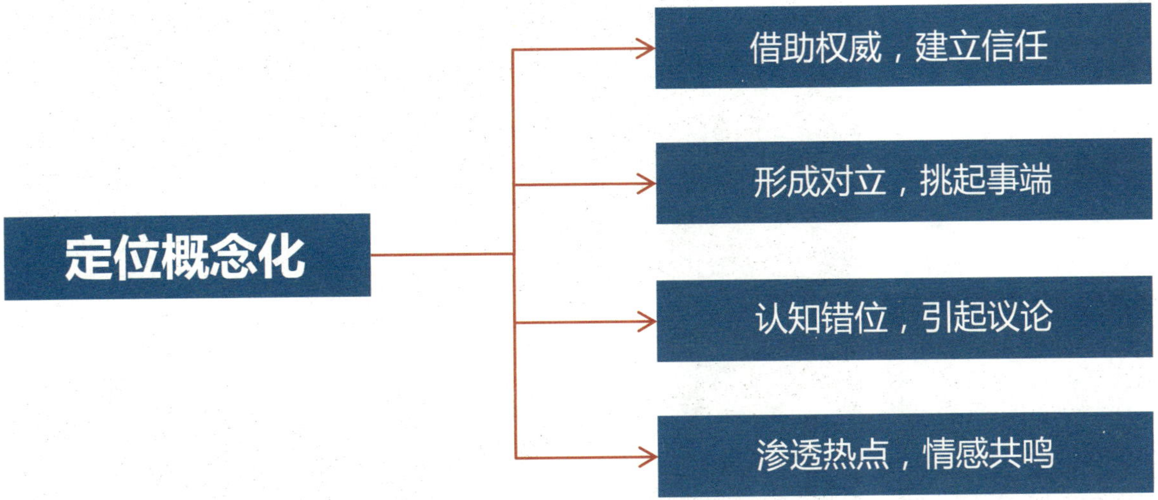

案例分享

借助权威，建立信任

借力，一直是本书所倡导的观点。定位需要借力，产品需要借力，传播也需要借力。借助权威，建立信任，是一种常用的公关做法，它有助于建立顾客信任感。蒙牛"特仑苏"拿到国际大奖和"蔚来"电动跑车在格林赛道上跑出好成绩，都属于这类手法。

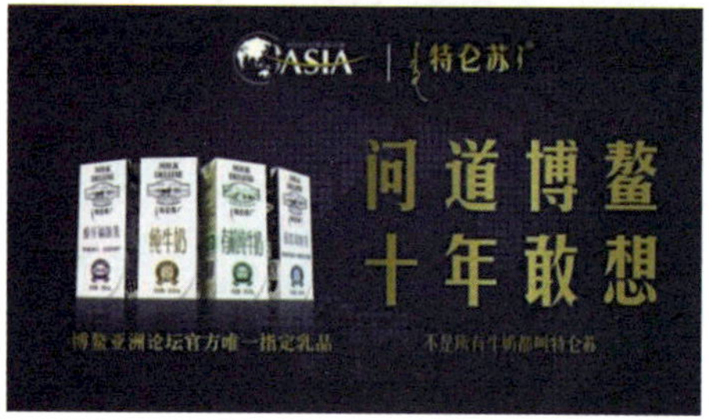

特仑苏上市之初，利用国际大奖和博鳌论坛指定产品称号赢得顾客信任。

蔚来电动跑车通过格林赛道7分5秒的成绩，用实力建立信任。

案例分享...

形成对立，挑起事端

在"定位概念化"章节中，我们曾提到"吵"的作用。其中，提到"要么新闻，要么吵架"。其实，锁定一个对手，与其形成对立，挑起一个事端来"吵架"，也是一个不错的公关手段。前些年董明珠和雷军的"10亿豪赌"以及农夫山泉和怡宝的"饮用水"大战，都是经典案例。

董雷10亿豪赌

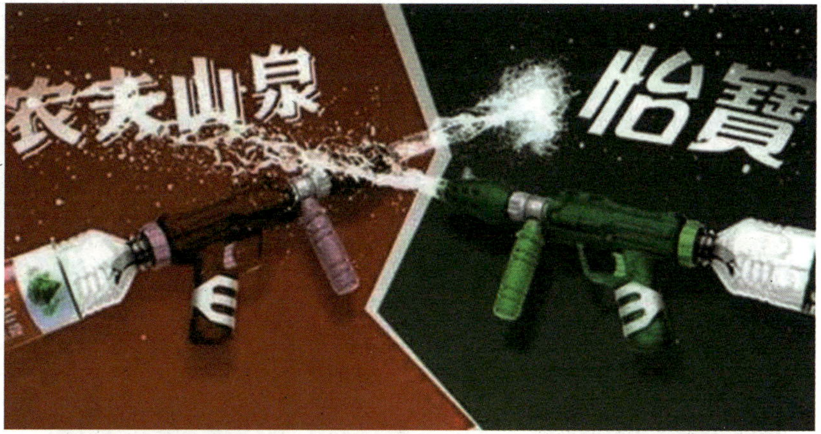

农夫山泉和怡宝"饮用水"大战

案例分享...

认知错位，引起议论

大漠红枸杞汁，在它的新品发布会上邀请苍井空来代言，在中国人的认知中产生了巨大的错位，并引起舆论。这种"认知错位"的方法也可以用到公关策划上。但要有个底线：不触犯法律和道德。苍井空代言大漠红枸杞汁，乍一看是有点错位，但仔细想，似乎也没什么。

日本AV女优苍井空代言"大漠红"枸杞汁

注：案例内容摘自里斯品类战略微信公众平台。

案例分享...

渗透热点，情感共鸣

我们所理解的公关活动，与事件营销最大的不同在于“公益性”。不过，这种“公益性”最好与社会热点相结合。这样，才能引起大家的关注和认可。伊利奶粉在2002、2003两年连续跟进河北五胞胎兄妹的出生和成长就是典型的渗透热点的公益活动。

2002年3月伊利奶粉赞助河北五胞胎出生事件，包揽了5个孩子的奶粉供应，并于2003年3月将五胞胎兄妹请到北京过一周岁生日，同时还给孩子们做了科学的体检，也购买了保险，给家长分忧，给孩子们的健康成长赋予更多的保障。当时，伊利这一举动赢得了社会公众的广泛好评。

借势营销

低成本传播秘诀

巧妙的借势营销，会让你事半功倍。

案例分享

在2016年里约奥运会上，我国运动员张梦雪拿到第一枚金牌之后，加多宝、宝马、海信以及杜蕾斯等诸多品牌争先恐后地通过微信、微博发布各自的祝贺广告，其热度不亚于当时的奥运会。这就是借势营销，一个事半功倍的传播方式。在大互联时代，这样的传播方式可能还会继续盛行。

在2016年里约奥运会上，我国运动员张梦雪拿到第一枚金牌之后，各大品牌推出的借势营销广告创意。

八种借势方法

借势营销的方法有很多，从理论上讲，有影响力的所有社会事件和活动都可以借势。不过，为了方便了解，这里我们只罗列以下八种借势的方法，供大家参考。在大互联时代，借势营销已经成为企业不可忽略的传播行为，如果你“借”得好，它可以让你在几乎“0”成本的前提下传播品牌。

借事件的势	借舆论的势	借节日的势	借网红的势
借对手的势	借行业的势	借政策的势	借文化的势

案例分享

借舆论的势：2016年11月中旬，董明珠被免去格力集团董事长职务的消息，在企业界引起了轰动，成为大家热议的社会事件。当社会的关注点指向董明珠的时候，广州名创优品利用这个事件在《羊城晚报》上刊登了如下广告，巧妙地开展了一场借势营销，提高了知名度。

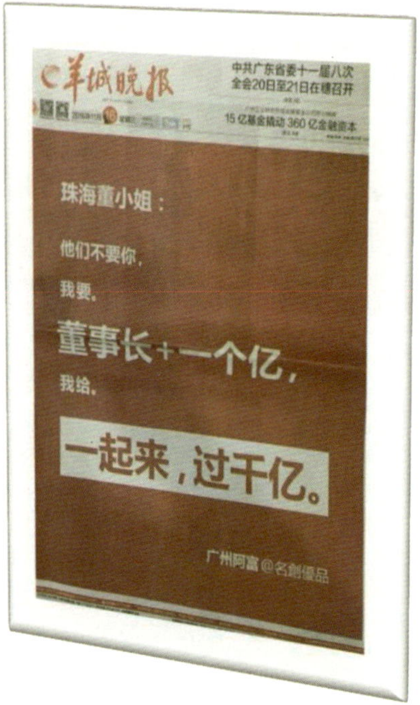
羊城晚报
中共广东省委十一届八次
珠海董小姐：
他们不要你，
我要。
董事长+一个亿，
我给。
一起来，过千亿。
广州阿富@名创优品

案例分享...

借事件的势：2016年底，在美国总统大选中，当特朗普战胜希拉里将成为美国新一任总统时，红牛利用特朗普那副"洋洋得意"的面孔，推出红牛近期广告语"我的能量超乎你想象"，通过这种幽默的方式进一步强化了自己的品牌定位和品类属性。

RedBull
红牛

案例分享...

借网红的势：2017年上半年，电视剧《人民的名义》火了，随之在电视剧里扮演"李达康书记"的吴刚也火了，他的各种表情包和电视剧片段在网上疯传，成为网红。甚至在有些农村还出现了这样的对联：反腐要靠习近平，发展要靠李达康。金立手机利用这个机会，推出微电影式广告片《安全的名义》，以李达康的办公会为场景，巧妙植入金立手机的"安全"概念，赢得了业内人士的广泛好评。

案例分享…

借政策之势：我们规划宝积仙境佛教主题公园时，围绕"中国最美的佛教圣地"这个定位规划了9个"中国第一"（如下图）。不过，需要强调的是，这9个"中国第一"可以说无一例外地采用了借势营销的手法。

1. 中国最大的彩色瓷佛
2. 中国最大的瓷龙
3. 中国第一个彩色徽派建筑群
4. 中国第一条七彩瓷路
5. 中国第一个"丝绸之路"的实景演出
6. 中国第一座"陶瓷莲花岛"
7. 中国最大的陶瓷聚宝盆
8. 中国面积最大的陶瓷莲花墙
9. 中国第一个五色梯田

中国最美的佛教圣地

案例分享...

借政策之势（续）：其中，"丝绸之路"实景演出的规划，就是典型的"借政策之势"。我们围绕国家提出的"一带一路"的政策热点，规划了该实景演出，将丝绸之路的历史与景德镇的陶瓷文化及先进的舞台艺术和灯光艺术融为一体，规划出中国第一个系统讲述丝绸之路的实景演出方案。我们对此演出的有效落地充满期待。

宝积仙境　丝绸之路

大型水上实景演出

+

+

案例分享...

借文化（地区）之势：通过9个“中国第一”打造“中国最美的佛教圣地”是一种借势的结果。但是这还不够，我们还需要借文化（地区）的势。因为，我们所打造的公园必须有人过来游览。所以，我们提出了“江西旅游金三角”的概念。即：江西旅游只去三个地方：婺源看油菜花，鄱阳湖看候鸟，景德镇看宝积仙境。如果这个概念成立，将意味着“宝积仙境”一开始就能拥有400万人次的年客流量。

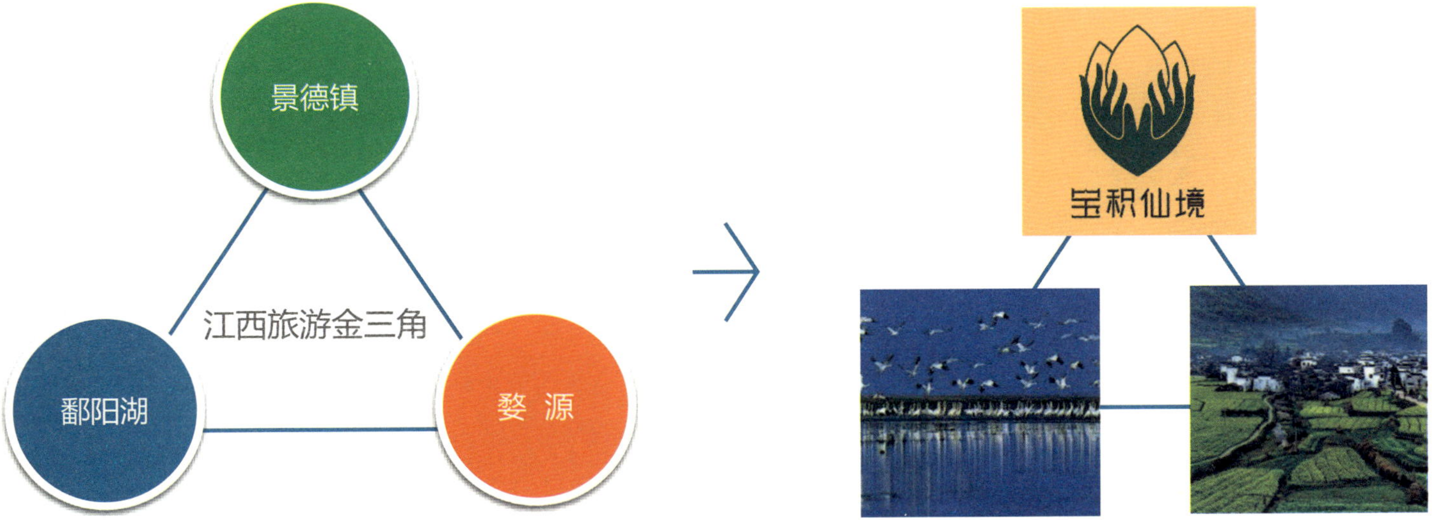

口碑传播

这个时代“口碑”的重要性

2016年，百度的“竞价排名”事件、三星的“手机爆炸”事件，将这两家企业陷入舆论的漩涡，不仅给他们造成巨大的经济损失，也带来了不小的名誉损失。尤其，三星可能因此丢掉“全球手机老大”的宝座。在这个“人人都是媒体”的时代，企业的一切行为几乎都走到了聚光灯下，稍有不慎就会引发危机事件。无论是好口碑，还是坏口碑，一夜之间几乎会传遍世界。

尊敬的中国消费者：

对于近期Galaxy Note 7燃损事件给各位消费者带来的不安与困扰，我们表示诚挚的歉意。

我们高度重视近期在国内外发生的Galaxy Note 7燃损事件，**为了确保中国消费者能够安心使用我们的产品，我们决定在中国大陆地区停止销售国行版Galaxy Note 7产品，并召回在中国大陆地区销售的全部国行版Galaxy Note 7产品。**

对国行版Galaxy Note 7产品退货或更换其他产品等具体召回措施，我们已经积极主动地与相关政府部门进行了沟通。我们保证，将竭尽全力确保相关措施的实施在方便且有效率的情况下进行。如有进一步相关信息，我们将通过三星电子官网(www.samsung.com/cn)进行公布，消费者也可以通过三星电子售后服务中心（400-810-5858）了解具体情况。

对于给中国消费者带来的不便，我们再次表示真诚的歉意，三星电子坚守“做中国人民喜爱的企业，贡献于中国社会的企业”的承诺，秉持质量和服务第一的信念，为中国消费者带来最佳的产品和体验。

2016年10月11日

中国三星电子

信息来源：快科技www.mydrivers.com、百度图片搜索

大互联时代的品牌传播秘笈

在大互联时代，人们最宝贵的资源可能是时间。谁拥有顾客的时间，谁就有可能赢得主动、赢得市场。因此，在这个时代，要想让顾客注意到你，就必须想尽一切办法占用客户的时间。做到这一点，我们最好的方法是要成为顾客的生活方式，带给顾客幸福感。那么，如何才能成为顾客的生活方式，带给他们幸福感呢？下面两句话很重要：

创意和频次同等重要

参与和体验同等重要

好口碑是怎么来的？

好口碑，可以来自很多方面，诸如：好产品、好业绩、好活动、好服务等等。不过，在大互联时代，产生一个好口碑仅仅靠这些，已经越来越难。我们不得不考虑如何经营好顾客的参与感。在这个时代，只有亲自参与才能带来真实的体验，真实而幸福的体验才能带来良好的口碑。所以，要想赢得好口碑，就必须“视顾客为亲人”，让客户深度参与，体验到你产品和服务背后的使命与坚守。

如何激发顾客参与感？

激发顾客的参与感，让他们从“倾听者”变为“传播者”，就像亲人一样在外面说你的好，是口碑传播的真谛。要想做到这一点，以下四个原则很重要。

相关性

相关性，是指你的话题与顾客有多大关系。可以分很多维度：利益相关、情感相关、精神相关、性格相关、生活方式相关、社会地位相关等等。

如果你的话题或活动，与顾客的相关性高，参与感自然就会高，顾客愿意主动参与进来。反过来也一样：相关性低，参与感也就低。

娱乐性

娱乐性，是指逗趣、好玩，甚至有点八卦的意思。

生活需要“有意义”的同时，也需要“有意思”。口碑传播要想让顾客参与进来，更需要“有意思”。

如果你能在风趣、幽默的话题中，通过“寓教于乐”的方式传播品牌，也算是你的本事。

神秘性

人类向来对神秘感兴趣，你越神秘，越能激发人们的好奇心和探究欲望，传播效果就会越好。

所以，激发顾客的参与感，还有一个好办法就是保持神秘。

这也是“地毯式”广告轰炸往往失败，而“神秘”的口碑传播往往成功的原因所在。

思想性

思想性，是话题和活动带给人们的思考和心灵共鸣。

思想性对撬动顾客参与感的能力有限，但是一旦参与进来，心灵上的征服力是最强的。

一个伟大的品牌，最后去征服顾客的一定不是产品功能，而是它的品牌思想，以及品牌背后的精神和使命。

案例分享

相关性 | 娱乐性 | 神秘性 | 思想性

2016年，百事可乐的广告片“把乐带回家之猴王世家”，相信大家一定有深刻的印象。

这条广告的成功之处在于，通过一个看似真实的创意故事再现了中国人的集体回忆：美猴王苦练十八般武艺，方能笑对八十一难，抒发了三代中国人的集体情怀，让每一位观众看得热泪盈眶。

这就是“相关性”中的“情感相关”。因为，老百姓特别希望在CCTV2016年春节晚会上看到他们心目中的美猴王，结果被节目组淘汰了。正在这时，百事可乐邀请六小龄童做了这样的广告片，必然会引起轰动。

在2016年春节前后，这条广告在网上获得数亿万次的转发，并引发人们的热烈讨论，成为一次现象级社会事件。这对百事可乐而言是巨大的收获。

案例分享...

相关性 | **娱乐性** | 神秘性 | 思想性

士力架曾经推出一条电视广告，也成为大家网上热传的娱乐内容。原因是，这条广告聘请"憨豆"扮演了一个"饿货"。

广告故事大致是这样的：在一个夜晚，一群会轻功的侠士在屋顶上飞来飞去，其中一个"饿货"，由于肚子太饿，跟不上大家的步伐，很是吃力。观众一看，那个"饿货"是憨豆演的。由于体力跟不上，这个"饿货"被敌人发现，被包围了，眼看就要被抓。这个时候，屋顶上另外一位侠士扔给他一块"士力架"。他打开包装一咬，立刻充满力气，长相也恢复到原来的侠士模样，往上一跳，就飞出了敌人的包围圈。

看上去，这是一条广告。但是，这条广告融入了幽默元素，在"娱乐性"方面引起了人们的兴趣，从而火遍了朋友圈，成为经典的口碑传播，给士力架带来了非常好的品牌效应和市场业绩。

案例分享...

相关性	娱乐性	神秘性	思想性

萨顶顶，原名周鹏。2000年在CCTV青年歌手大奖赛上获得银奖。按理说，当时的萨顶顶算不上是一线明星。虽然后来她也参加过很多大型晚会，并发行了唱片，但一直处于不温不火的状态。

然而，2006年6月，萨顶顶签约环球唱片天韵文化以后，对她的音乐风格进行了调整，在歌曲中融入了"佛教"元素，可谓一炮而红。

尤其，与中央电视台联合拍摄《万物生》，并通过权威媒体传播出去后，引起了极大的反响，萨顶顶似乎一夜之间成为一种现象级人物。

那么，是什么成就了她，让她成为一线明星？我认为，是神秘性。她的歌曲融入佛教风格以后，变得很神秘，而且她配合音乐穿的演出服也显得很神秘，甚至"萨顶顶"这个名字也充满了神秘感，引发人们的探知欲望。所以，神秘感是在口碑传播中非常值得采用的方法。

案例分享...

相关性　娱乐性　神秘性　**思想性**

让人们敬佩的企业家有很多。如：任正非、张瑞敏、马云、柳传志等。然而，有一位老人可能更愿意被人们提及。他就是褚时健。

古稀之年入狱，75岁东山再起，86岁身家过亿，褚时健凭啥这么牛？分析原因的人很多，得出的结论也很多。

不过，我认为，成就他晚年辉煌的是他坚持不懈的精神。他和老伴儿开荒种橙子的行为，已经成为一个活生生的励志故事，激励了无数创业者和正在创业之路上迷茫的人们。

正因为这样，褚老的事迹，几乎在没有花一分钱的前提下传遍了全中国，甚至传遍了世界。

这就是思想的力量，他的人生观及对待人生的态度和行为感动了大家，鼓舞了大家，在人们的内心深处产生了共鸣。

利用社群的力量

在大互联时代，口碑传播大多是通过社群来传播的。也就是说，好消息或坏消息，都是通过一个又一个的社群来扩散的。因此，口碑传播研究"参与感"的同时，也要研究"社群"。对口碑传播而言，社群最大的价值在于"裂变"式传播效应，即：一条消息，从一个社群传到另一个社群，一个接一个，病毒式蔓延，瞬间广为人知。那么，如何实现这一点？这里提出"社群裂变式传播的五个要点"：

吸引注意	引发兴趣	心灵共鸣	利用欲望	引导分享
传播内容必须要有趣、有料，甚至还带有时尚性，从而引发用户注意和认同感。不能为了引起注意去玩"标题党"或刷屏。而应该在多入口中曝光，形成一种流行的氛围，如微信、微博、直播频道等多社群都能看到你的信息。	激发人们转发你的信息，前提一定是转发人自己看过，而且感兴趣才行。所以，传播内容不能用官方语言，不能用八股文，多说人话，图文并茂，赏心悦目才行。总之，信息的呈现方式必须要创新。	抓住种子用户及核心目标顾客，要争取与他们的内心产生共鸣，是增加转发量的关键。共鸣包括：情绪共鸣、情感共鸣、价值观共鸣等。这就要求我们的内容设计必须融入情感因素，用内容触及他们内心敏感而柔软的地方。	被内容感动的人转发你的信息的可能性是很大的。但是，这还不行，你必须引发他们的转发欲望。你可以利用人们想做意见领袖的欲望、助人为乐的欲望和占便宜的欲望等，促使他们成为你的传播者。	这是你的内容是否能够裂变式传播的临门一脚。即：一定要暗示读者分享。在转发、分享的功能上提供便利的同时，可以适当配合分享的利益机制。比如，有奖转发、有奖评论、赠送福利等。

案例分享

2016年和2017年春节，阿里巴巴旗下的支付宝连续两年推出"聚齐五福，平分2亿现金"活动，引起了广泛影响。有人叫好，有人责骂，各种声音在网上蔓延。不过，他们开展的这次活动非常符合社群裂变式传播特点，尤其在利用顾客"占便宜"的欲望上可谓做到了极致。大家拼命扫描"福"字，并与朋友交换"福"字，目的就是为了聚齐五福，平分巨额现金。从而也便达成了支付宝想要的传播目的。

经营顾客参与感的五大渠道

一个好的口碑传播，除了做好内容以外，还需要建好渠道。也就是说，经营顾客参与感，内容和渠道并举。这里，我把经营顾客参与感最常用、管用的五大渠道介绍给大家。如果你建得好，很多顾客就会把你当成亲人，愿意成为你的义务传播者。

品牌故事与口碑传播

会不会讲故事也是口碑传播至关重要的环节。因为，一个好的品牌故事，不仅可以强化定位，还可以赢得共鸣，在顾客群体里广为流传，甚至让品牌更具神秘色彩。那么，一个好的品牌故事该如何讲？下面给大家介绍讲好品牌故事的四个原则。

真实可信

品牌故事，不能编造一个不存在的故事。

无论是企业的故事，还是创始人的故事，无论是一次苦难，还是一次革命，故事必须要做到真实可信，必须保证曾经真正发生过。否则，就没有说服力。

比如，海尔著名的“砸冰箱”的故事就是在海尔历史上曾经发生的真实事件，而不是海尔编造的故事。

强化定位

品牌故事，作为品牌传播手段，必须要围绕顾客需求，强化品牌定位，不能脱离定位，随便乱讲。

比如，华为几乎对所有参观者都要讲华为在福岛核泄漏现场抢修设备的故事。为什么要讲这个故事呢？因为，这个故事有助于强化华为的服务品质及品牌定位。这是聪明之举。

生动感人

品牌故事，不能不疼不痒。必须要做到有人物、有情节、有冲突、有情感，有声有色，生动感人才行。否则，一个平庸的故事就没有太大意义。

比如，台塑集团曾经讲过创始人王永庆“15岁卖大米”的故事，感动了不少人。原因就在于，这个故事里，以上提到的元素全部都有，而且非常真实。

带出使命

故事不立意，等于白讲。一个品牌故事广为流传的很重要的原因就在于思想性，是故事背后的使命感。否则，传播的意义就不大。

乔布斯的创业故事，为什么广为流传？原因就在于他的故事告诉人们“什么是使命”、“什么是极致”、“什么叫改变世界”。如果没有这些精神层面的内容，也不可能流传到现在。

主题促销

主题促销活动的使命

将顾客注意力从价格引向价值，
促进销售的同时提升品牌认知。

主题促销活动的成功要素

主题促销活动要想做好，就必须找到一个贴心的主题，而且在顾客心智中产生共鸣才行。在此基础上，还要做好创意、简化活动内容、提供方便的执行落地条件，而且要集中推广，不能把时间拉得太长。简单概括，就是以下五点：

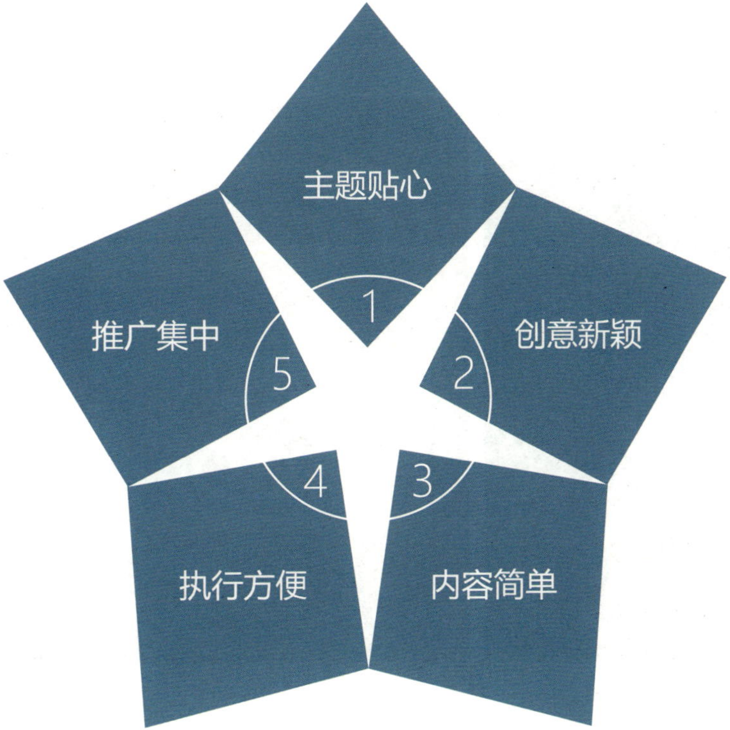

案例分享

2014年，可口可乐在迪拜联合扬罗必凯广告公司推出的"hello happiness"为主题的用可乐瓶盖免费打电话活动，就是经典之一。活动很简单，就是在工人社区安装了可以用可乐瓶盖当通话费的电话亭，供大家使用。每一个可口可乐瓶盖都可以免费打三分钟的国际电话。这个活动当时引起了轰动，不仅在销售方面受益，更重要的是在全球范围被广泛传播，让可口可乐名利双收。

案例分享...

2016年下半年，据说可口可乐又推出瓶盖带有自拍功能的可乐，再次引起大家的关注。即：把手机放入瓶盖的凹槽里，就能实现自拍。角度刚好把可口可乐的LOGO能拍进来。虽然在国内我们还没有见到这种瓶盖，但从主题促销活动的角度看，这是一个不错的创意，值得称赞。企业要推广自己的品牌，就要可口可乐那样，不断创新、不断折腾、不断推出各种不同主题的促销活动才行。

案例分享...

早在2003年，我在伊利集团奶粉事业部担任全国市场总监时，推出过一次主题促销活动：买伊利奶粉送正版天线宝宝。当时，我们跟英国BBC公司天线宝宝系列产品台湾经销商达成协议，将天线宝宝毛绒玩具、DVD以及相关杂志作为促销赠品，向购买伊利婴儿奶粉的顾客赠送。此活动一推出，就引起了轰动，很多竞争品牌的顾客都纷纷转换品牌，购买伊利奶粉，成为中国乳品行业的经典案例。

品牌
征服

第九章

品牌管理

让品牌从不同走向伟大

就品牌经营而言，规划不行，活不了；管理不行，活不长。

品牌
征服

品牌管理要管什么？

本书所指的"品牌管理"是在完成品牌"六维设计"之后的执行层面的管理行为。就像下棋一样，要思考如何排兵布阵，如何调度资源，如何把握节奏，从而实现品牌战略的成功落地。为了便于大家理解，我把它分为以下五个方面的内容：

架构管理	主要指品牌架构梳理及日常管理。通过处理好一个企业内部不同品牌之间的区别与关联，确保每个品牌健康发展，并尽力避免品牌之间的相互冲突及影响。
策略管理	主要指品牌战略在执行环节中的相关策略、实施方法以及节奏的把握。无数个品牌在规划环节非常精彩，但是在执行环节却没有成功，原因就在于策略管理出了问题。
认知管理	大互联时代是认知当道的时代，对顾客的认知管理是一个品牌必须要做的事情。核心是对品牌联想的管理及引导，通过此项管理要确保品牌远离不良认知。
终端管理	如果说"认知管理"是对大脑终端的管理，那么"终端管理"就是对销售终端的管理。通过对销售终端的店面、陈列、导购等所有触点的有效管理，带给客户极致的品牌体验。
周期管理	主要指产品的生命周期和防止品牌老化方面的管理。这项管理是一个品牌永葆青春的奥秘。做好了，品牌会时刻充满活力；做不好，品牌可能会出大问题。

架构管理

品牌架构管理的本质

品牌架构管理，说白了就是把一个企业的所有品牌都拿过来，理清它们之间的关系。这里，不得不提的是这些品牌所代表的品类。也许一个品牌代表着一个品类，也许很多品牌就扎堆儿在一个品类。如果你把它们放一起，发现有些地方不妥，就该梳理了。最后，它们之间的关系到底如何界定还是取决于品类属性和品牌所代表的价值。因此，我认为：

品牌架构管理的本质是品类管理，也是认知管理。

品牌的分类

本书所定义的“品牌”，更多的是指“产品品牌”。不过，梳理品牌架构的时候，不得不考虑企业的角色、企业家的角色以及产品以外还能创造价值的要素。因此，为了便于大家理解，我们还是把品牌分为以下四大类：

产品品牌	企业品牌	企业家品牌	服务品牌
Rejoice 飘柔	P&G	马云	联想阳光服务
	中粮 COFCO	任正非	KONKA SERVICE 大拇指服务

品牌架构分类

由于每个企业所诞生的时间不同，行业不同，对品牌的认识也不同，所以在品牌架构上也出现了形形色色的类型。不过，我们可以通过企业所经营的"品类数量"和"品牌数量"大致分为以下四大类：一品一牌、一品多牌、多品一牌和多品多牌。

品牌角色分工

对那些拥有多个品牌的企业而言，品牌的角色分工也是不能忽略的。必须要分清楚哪些品牌是给你赚现钱的，哪些品牌是给你赚未来的钱的，又有哪些品牌是你让它顺其自然、自生自灭的。在这一点上，每个企业可以自己定义、自己分类、自己管理，没有什么严格的标准。不过，下面的四种分类法是业界比较常见的分类方法，可以参考。

战略型品牌

这是公司针对未来市场重点培育的品牌。

这种品牌前期可能不赚钱，甚至赔钱。

但是，为了赢得未来市场的主动权而需要重点保护。

因此，这种品牌很少参与价格战。

竞争型品牌

这是用来应对现有市场竞争的品牌。

当企业遇到行业性价格战的时候，这个品牌就充当应了对价格战的角色，由此来保护战略型品牌。当然了，实际上能否起到保护作用，业界仍然有争议。

背书型品牌

这种品牌一般是企业品牌或企业家个人品牌。

企业特别有名，或者企业家特别有名，在一定程度上对产品品牌起到一个增加顾客信任感的作用。因此，将这类品牌叫背书型品牌。

保障型品牌

这种品牌，也许未来的发展前景没有那么好。

但是，目前对公司的现金流贡献比较大。

这种品牌所代表的品类比较成熟，消费比较稳定，竞争强度也不那么大。

品牌关系管理

一个企业各大品牌之间的关系，可以用两个维度来考量：一是公司总部管理强度的强弱；二是与公司总部视觉关联度的高低。通过这两个维度，我们可以确定四种关系：母子关系、子母关系、联合品牌和独立品牌（如下图）。总之，与公司总部的视觉关联度越高，管理强度就越高，反之越低，形成正比例关系。

案例分享

为了说明前一页的图，可以用雀巢公司的品牌架构来举例，大家可以通过下表感受一下大公司品牌架构管理的整体面貌。

雀巢 Nestlé			战略型品牌	竞争型品牌	背书型品牌	保障型品牌
公司品牌					雀巢	
事业群品牌						雀巢中国
产品品牌	主品牌					
产品品牌	副品牌	母子关系	雀巢咖啡			
产品品牌	副品牌	子母关系	能恩	能多健		力多精
产品品牌	独立品牌	自创品牌				普瑞纳
产品品牌	独立品牌	收购品牌	美极	太太乐		
产品品牌	独立品牌	租赁品牌				

注：以上品牌只是雀巢公司的部分品牌，雀巢公司拥有的品牌远不止这些。

大公司发展不同品牌要避免“家族化”。

品牌“家族化”的危害

以下两个企业，一个实现品牌“家族化”，另一个坚持发展独立品牌。结果，遇到危机事件的时候，我们看到了它们之间的不同。

圣元奶粉是一家多个子品牌形成“家族化”的企业。结果，在2010年的“性早熟”风波中，由于不同品牌之间的“家族化”特征太明显，所有品牌均受到伤害，让企业陷入了困境。

宝洁是提倡独立品牌的公司，几乎所有品牌都是相互独立的，甚至与宝洁公司的关联度都不大。因此，在2006年引发的SK-II“重金属”事件中，宝洁公司其他品牌并没有受到任何伤害。

品牌“家族化”的危害…

品牌“家族化”还有很多缺点，比如，导致兄弟品牌之间的定位混淆、个性趋同，甚至连品类都分不清等。所以，我们在品牌架构管理上，一定要认清“家族化”的危害，从品牌命名开始，到定位和个性，将品牌彻底区分，以免互相影响。

泰诺家族	箭牌家族	圣元家族	五粮液家族
泰诺	绿箭	优博	五粮液
泰诺林	黄箭	优聪	五粮春
泰诺安	白箭	优强	五粮醇
泰诺健	箭牌咖啡	优爱	五粮神
品类不明显	**定位不明显**	**个性不明显**	**削弱主品牌**

副品牌很难成为真正的品牌，反而容易丧失成长机会。

案例分享

副品牌，虽然在名字上比起"家族化"品牌好一点，但是，由于始终处于母品牌的影子下，也很难发展成为强势品牌。所以，我们可以了解品牌架构中所谓的"副品牌"的存在，但是我不太主张企业做太多的副品牌。很多大企业的案例已经向我们证明，打造副品牌是收效甚微的。索尼和海尔就是典型案例，在它们旗下的那些副品牌，哪个成长起来了？一个都没有。

索尼	海尔
BORAVIA	小神童
SBERSHOT	小海象
VAIO	鲜风宝
……	……

这才是我们推崇的模式

我更加提倡企业根据不同的品类发展完全独立的品牌。就像下面这三家企业一样！

宝洁	阿里巴巴	斯沃琪
海飞丝	天猫	Rado（雷达）
潘婷	淘宝	Tissot（天梭）
飘柔	聚划算	Omega（欧米茄）
沙宣	蚂蚁金服	Longines（浪琴）
太渍	支付宝	Certina（雪铁纳）
舒肤佳	菜鸟物流	Mido（美度）
玉兰油	阿里云	Breguet（宝玑）
护舒宝	高德地图	Blancpain（宝珀）
帮宝适	虾米音乐	Swatch（斯沃琪）

独立品牌的好处

企业在不同品类上使用独立品牌，至少有以下四大好处：

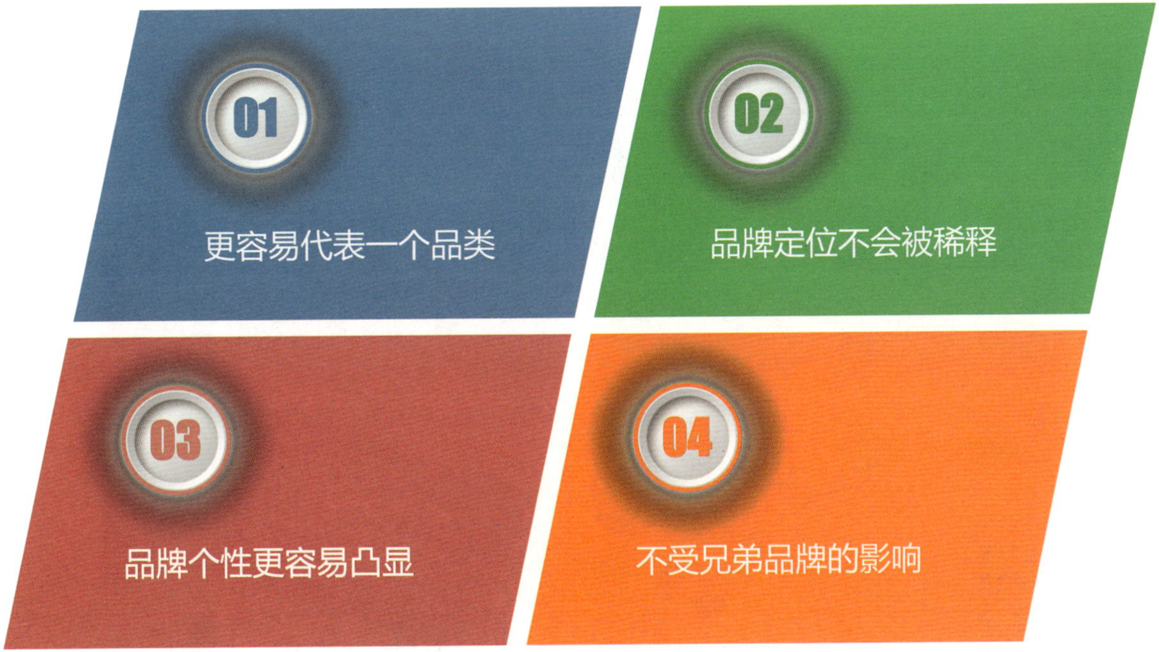

案例分享

箭牌的苏醒：前面我们提到箭牌曾经发展过"家族化"品牌，但是今天的箭牌已经苏醒了，他们已经成功发展出了独立品牌，而且已经形成强大的市场影响力。有人说，箭牌的日子不好过，说明以品类为根基的品牌已经不灵了。然而，我认为，就算箭牌的利润是负数，就品牌经营而言，它的这种勇于发展独立品牌的做法是完全正确的，值得称赞的。

益达：无糖、防止蛀牙

朗怡：清爽、轻松

SUGUS：软糖、好滋味

劲浪：凉爽、提神

策略管理

新品类推广之道

新品类推广最好优先启动集团消费（商业用户）。

历史告诉我们什么？

纵观新品类推广史，我们发现，世界上绝大多数成功的新品类都是通过优先推广给“商业用户”，然后才走进“个人用户”的。包括现在我们熟知的个人电脑、手机、相机等毫无例外。它们刚诞生的时候，都是从商业用户开始推广起来的。这个现象可以告诉我们：一个新品类，要优先抓住商业用户，用集团消费带动个人消费。

微波炉

最早在饭店和宾馆里使用

摄像机

最早在电视公司或保安公司使用

个人电脑

最早在银行或会计公司使用

照相机

最早在报社、军队或艺术馆使用

移动电话

最早也是商务人士开始使用的

商业用户的特征

为了进一步说明新品类为什么要优先启动商业用户，下面给大家简单归纳一下商业用户的基本特征：

01 专业人员采购

采购人员有一定专业技术背景，对新品类的价值容易了解和接受。

02 消费群体集中

一旦达成销售协议会产生可观的销量，利于现金流的形成，上市初期能够确保企业活命。

03 半强制消费

单位集体采购，有一定的强制性，较容易推广，省略了教育市场的过程。

04 利于口碑效应

商业用户追捧的东西，更容易引起居民用户的购买兴趣，更容易产生口碑传播效应。

新品类扩张之道

先实现聚焦，在赢得足够口碑效应后再扩张。

案例分享

新品类的扩张，不能操之过急。无论是渠道拓展，还是品种开发，都要实现高度聚焦，要坚持一段时间。像特斯拉，2007年上市Roadster顶级跑车之后，可谓赚足了大家的眼球和口碑，在全球范围已经快成了"神话"之后才推出Model s 这样的普及型产品。中间整整隔了五年时间。这就是一个新品类顺利进入顾客心智的有效方法。

2007 | Roadster

5年

2012 | Model s

TESLA

品牌传播“节奏论”

中国企业经常犯的错误就是急于求成。因此，推广一个新品牌的时候，往往像火箭一样起步，一夜之间在所有媒体亮相，用爆炸式广告投放试图一炮而红。然而，这种启动方法往往会带来高风险，如果快速起不来就会导致快速消亡，再次起步就会变得非常困难。因此，我们建议要学会“飞机式”启动，用“细水长流”的方法慢慢渗透，慢慢加热，当时机成熟的时候再起飞。

火箭式启动

飞机式启动

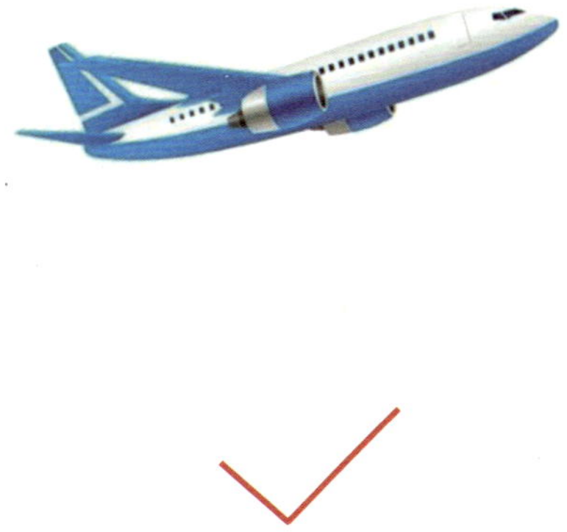

案例分享

霸王推出凉茶行不行？我认为没什么不行。但是，方法很重要。霸王凉茶，不仅在品牌命名上犯了错误，更重要的是在启动方式上也犯了“火箭式”启动的错误。结果本该是一个好产品却遭遇失败。相反案例是美赞臣婴儿奶粉。他们在中国市场默默耕耘长达20年，最终做到了中国高端婴儿奶粉第一品牌，成为“益智婴儿奶粉”的代名词，给我们演绎了典型的品牌传播“飞机式”启动的魅力。

火箭式启动	飞机式启动

霸王凉茶，聘请国际影星甄子丹代言，铺天盖地广告投放，试图火速启动市场。

通过20年的努力，成为中国高端奶粉第一品牌，只用12个单品成就了50亿的收入。2017年2月，杜蕾斯的母公司利洁时集团宣布：以179亿美元的高价收购美赞臣。

什么时候推出第二品牌？

当第一个品牌稳坐品类“老大”后，再推出第二品牌。

案例分享

一次只推出一个品牌，当这个品牌毫无争议地做到品类"老大"后，再推出第二品牌是很多成功企业采用的方法。比如，可口可乐、丰田、吉列等成功企业都是这么做的。这么做的好处在于：企业推广品牌的压力小，投入的资源集中，而且可以有效避免顾客的认知混淆，有利于提升新品牌的成功率。这一点，我们中国企业确实需要学习，不要总是急急忙忙地推出第二品牌。

Coca-Cola	1886年 可口可乐	1961年 雪碧	1995年 健怡可乐	2004年 美之源	2008年 零度可乐
丰田	1936年 丰田AA轿车	1957年 CROWN	1966年 COROLLA	1989年 雷克萨斯	2002年 塞恩
Gillette	1971年 Trac II 双刀剃须刀	1977年 Good Eews 一次性刀片剃须刀	1990年 Sensor 感应弹簧剃须刀	1998年 锋速三 三刀剃须刀	2006年 Fusion 五刀剃须刀

品牌经营坚持之道

越是在市场动荡的时候，越要继续你的费用投入。

市场动荡带来的机会

当一个市场发生动荡的时候，机会往往大于威胁。古人常说"乱世出英雄"就是这个道理。这个时候，由于动荡带来的"不确定"性导致人们的恐慌、迷茫、观望或采用保守措施，从而导致诸多市场机会。具体如下：

人们的反应	采取的行动	后果及机会
恐慌	暂停投资	竞争强度降低
迷茫	削减费用	顾客被冷落
观望	减少促销活动	市场杂音降低
保守	暂缓新品上市	出现机会空间

案例分享

中国奶粉行业是颇具争议的行业，从1999年二恶英事件以来，质量事件几乎没有停止过。过几年就会出现一个大型危机事件，让顾客处于恐慌之中。然而，大家一定要明白，每次事件不一定都是灾难，甚至都成就了一个品牌（如下图）。主要原因是，当这些品牌遇到市场动荡的时候，善于抓住机会，加大投资力度，利用顾客的恐慌心理快速占领市场。值得借鉴！

1999年的二恶英事件成就了	**伊利**	10年后，奶粉销售额突破50亿，成为中国奶粉行业的领导者。
2004年的阜阳奶粉事件成就了	**圣元**	4年后，奶粉销售额突破26亿，成为中国奶粉行业的黑马。
2008年的三聚氰胺事件成就了	**飞鹤**	1年之内（即2009年），奶粉销售额突破10亿，成为中国奶粉行业另一匹黑马。

认知管理

正面联想给你锦上添花，负面联想就像落井下石。

联想的逻辑

大脑的联想是自由的。但是，它离不开人们信仰、个性、习惯及经验的影响。更重要的是，人们多年重复看到的或听到的东西，容易产生思维惯性，事物之间的联想就会自然形成。比如：当我们看到玫瑰花的时候容易联想到爱情，看到奔跑中的运动员时容易联想到活力等。这些联想看似与品牌毫无关系，但是管理不好，就有可能影响一个品牌的健康发展。这就是"认知管理"的重要性所在。

爱情、浪漫

活力、力量

宁静、圣洁

火热、激情

负面联想的危害

在品牌传播上，防止顾客负面联想是很重要的一项管理工作。因为，如果你处理不当那些负面联想，会严重影响一个品牌的健康发展。很多事业刚刚起步的年轻人，都不愿意去三亚的天涯海角公园，因为，他们害怕去这个公园，事业到了尽头。也有很多女孩儿不敢买POLO汽车，原因是怕被人们说“二奶”。事实是这样的吗？肯定不是。但是，这种荒唐的联想不知影响了这些品牌多少业绩。

三亚天涯海角公园：事业到了尽头？

大众POLO轿车：二奶车？

如何引导品牌联想？

顾客对一个品牌的联想和认知是可以引导的。我们可以通过各种传播手段引导顾客往好的方面产生联想。这种方法有很多，下面我们主要总结以下四种：

企业形象引导	产品形象引导	符号形象引导	代言人形象引导
企业通过颇具影响力的公益、慈善等诸多传播活动，赢得社会公众的正面认知，并通过这些认知去引导顾客对品牌产生正面而良好的联想。	通过产品的形状、包装的色彩、材质、价格、产地、配套服务等因素引导顾客的感知，尽量消除负面联想，建立正面而良好的品牌联想。	符号形象，实际上是通过VI系统的优化、修改以及重新设计等行为来强化正面联想，提高品牌形象。	代言人包括广告代言人、企业家代言人、员工代言人。无论用什么人代言，都要通过他的良好社会形象及日常行为感染顾客，建立良好的品牌联想。

案例分享

企业可以开展很多活动来引导顾客的认知。比如，宝马常常举办漂移驾驶训练班、野外驾驶体验之旅，邀请用户一起去旅游、探险以及参与公益慈善等，通过这些活动的传播暗示潜在顾客"宝马是一家充满活力的公司"、"宝马是一家有社会责任感的公司"、"宝马是一个名副其实的驾驶机械"。这就是一种有导向的传播工作。

企业形象引导　产品形象引导　符号形象引导　代言人形象引导

案例分享...

产品形象的脱胎换骨也能改变人们的认知和联想。以前，提起韩国车，人们都多少有些不以为然。但是，现代公司推出的第八代索纳塔，却改变了人们对韩国车的看法。当时，第八代索纳塔上市的时候，几乎全球车迷都惊讶了。因为，大家万万没想到韩国人会造出如此漂亮的车。后来，第八代索纳塔全球热销的业绩告诉我们，这种引导是成功的。

企业形象引导 | 产品形象引导 | 符号形象引导 | 代言人形象引导

案例分享…

2014年下半年，肯德基对自己的LOGO进行了调整，将LOGO进一步简化，只留下肯德基上校的头像，其余视觉元素全部省略。目的就是想通过这种优化来引导顾客的认知，让品牌更有现代感。其实，在肯德基的历史上，优化LOGO不只是这一次，自从1952年到现在，已经有了6次优化，虽然肯德基上校的头像一直没有变，但是构图和组合不断在变化。这就是符号形象引导。

企业形象引导　产品形象引导　**符号形象引导**　代言人形象引导

注：虽然肯德基在2014年底发布最新LOGO，但是2006年版LOGO迄今（2017年5月）仍然在使用。

案例分享...

代言人形象引导，也是一个非常不错的方法。这一点吉野家是值得学习的典范。他们在自己的店里，让自己的优秀员工代言品牌，增加了品牌与顾客的沟通，带来了很好的亲和力。更重要的是，这种行为可以激发员工的积极性，暗示员工“我干好了，也有机会上墙”。可谓一举两得。

企业形象引导　产品形象引导　符号形象引导　**代言人形象引导**

吉野家
YOSHINOYA

终端管理

终端管理五大原则

销售终端，在互联网时代也许显得不那么重要。但是，本书仍然对终端管理做出一些要求。因为，在大互联时代，我坚信传统销售渠道将会重获新生，为顾客创造更大的价值。那么，终端管理该怎么管？我归纳了以下五个原则：

01 凸显原则

陈列要在第一时间被顾客看到

02 竞争原则

优先抢占有限的货架资源

03 规范原则

陈列要规范，确保形象统一

04 充足原则

确保不断货，货源新颖

05 新鲜原则

要周期性地更换陈列及促销主题，确保终端的新鲜感、生动化，确保品牌活力

案例分享

终端管理，需要有个终端管理手册。我在伊利奶粉担任全国市场总监的时候，专门设计了伊利奶粉终端陈列手册，通过这样的手册引导销售一线的导购和理货员，让他们用可以参照的工具把工作做得更好。虽然这是一项非常基础的管理，但做好了，对一个品牌终端形象的提升非常有帮助。

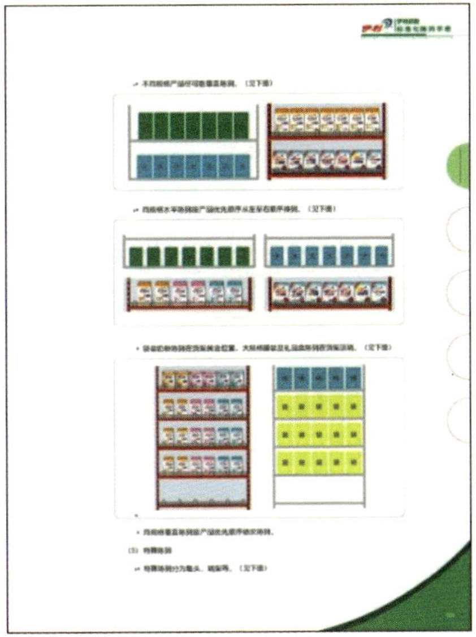

案例分享...

如果说，陈列手册是针对“物”的话，那么，导购员手册是针对“人”的。这本手册教会导购员如何给顾客介绍产品，如何带给顾客一个良好的购物体验。当初，我也给市场终端的导购人员制作了一本导购员手册（尺寸与女式钱包一致，目的是为了便于携带），并给他们做了系统的培训。现在想一想，这项工作虽然是很基础的工作，但是为伊利奶粉的销售奇迹却立下了汗马功劳。

案例分享...

在品牌传播章节的“主题促销”板块，给大家介绍了伊利奶粉赠送“天线宝宝”的案例。然而，就终端管理而言，那仅仅是一次促销活动而已，除了这种出名的主题促销活动以外，我们还向销售终端送去数不胜数的促销用品来确保终端的活跃度，让顾客时刻惦记我们。比如，以下促销用品就是我当年为全国的销售终端设计并发送的。虽然这些促销用品名不见经传，但仍然有它存在的价值。

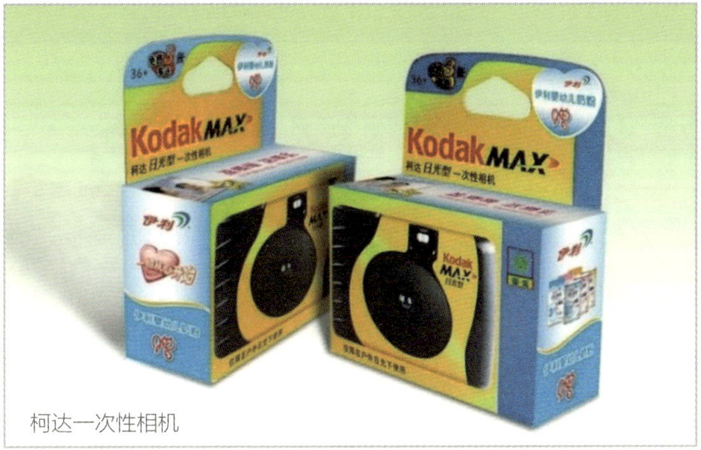

柯达一次性相机

泡沫拼接地垫

婴儿围巾

彩色蜡笔

雨伞

儿童学桌

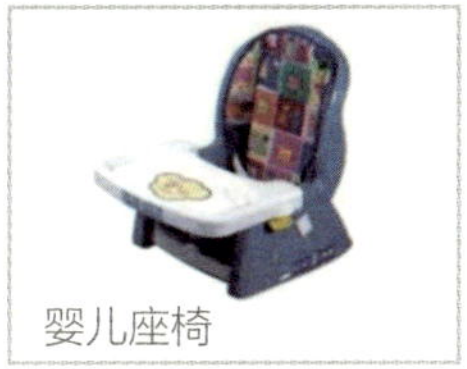

婴儿座椅

周期管理

产品生命周期

每个品类，都有生命周期。在品牌管理中，如何管好不同品类（或产品）的生命周期也是一项至关重要的管理工作。企业越大，这项工作的管理难度就越大，对处于不同生命周期的产品所采用的营销策略的差距也越大。因此，随着企业规模的扩大，企业必须对产品生命周期管理引起重视并做好。任何产品的生命周期一般都要经历四个阶段（如下图所示）：

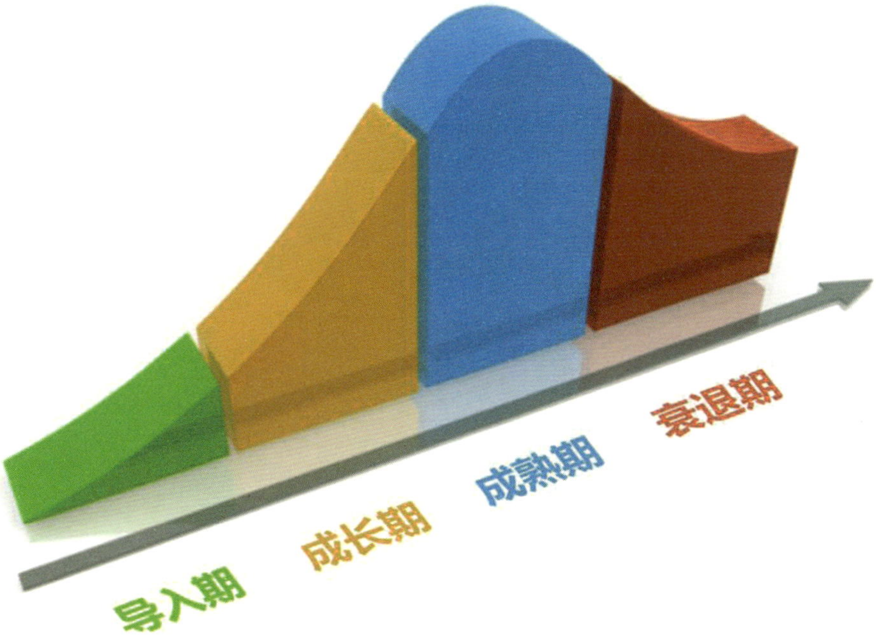

产品生命周期管理

产品生命周期管理，概括起来，大约有以下五个方面的管理：

	导入期	成长期	成熟期	衰退期
需求研究	核心客户需求挖掘	主流客户需求挖掘	新老客户新需求研究	现有产品剩余需求研究
产品组合	品种聚焦	适度扩张	充分扩张	缩减品种
渠道组合	渠道聚焦	适度扩张	全渠道扩张	缩减渠道
传播策略	建立信任	提升知名度	情感渗透	维护品牌声誉
费用投入	适度增加	大量增加	维持	缩减

生命周期管理重点

产品生命周期管理，在不同阶段要抓好以下重点工作：

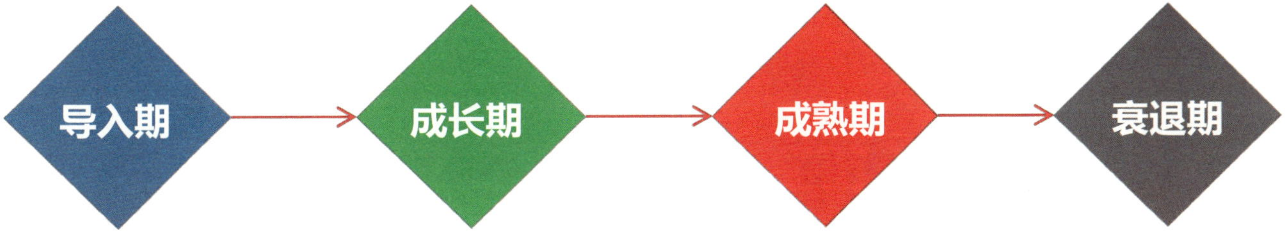

导入期

- 吸引和激励核心顾客
- 收集顾客体验反馈
- 改进和提升产品
- 耐心投入资源

成长期

- 拓展顾客与销售区域
- 打造品牌知名度
- 稳步扩大生产链

成熟期

- 持续维系和激励顾客
- 增加产品品种
- 思考产品迭代问题并着眼于开发新品类（产品）

衰退期

- 严格控制成本
- 品牌形象维护
- 新品类（产品）上市

正确识别市场鸿沟，避免一个好产品半途而废。

市场鸿沟

当一个品类从导入期进入到衰退期，会出现常人看不见的市场鸿沟（如下图所示）。这种鸿沟表现在产品的销售上，很容易让人们产生误解，误以为自己的产品不行。其实，在市场上出现鸿沟的主要原因在于：不同顾客的接受程度和时间存在差异。比如：在下图中，先锋型顾客和实用型顾客接受产品的时间是有差异的，先锋型顾客靠前，而实用型顾客滞后，这就会导致市场鸿沟。

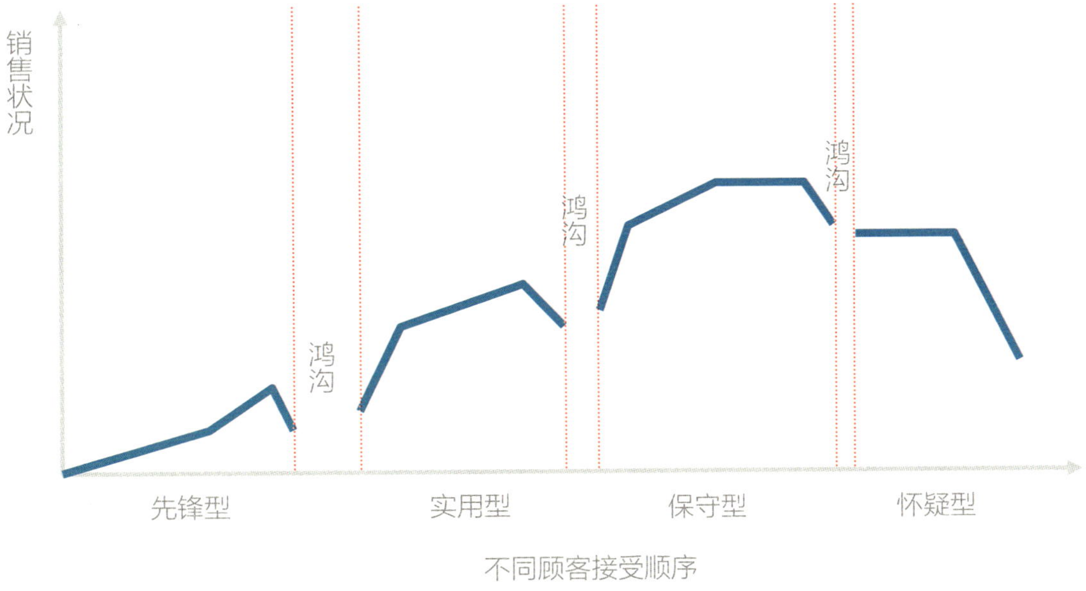

案例分享

蒙牛"特仑苏"，自从2005年10月全国上市以来，曾经出现过漫长的导入期，而且还遇到几次销量下滑现象。甚至在北京和上海的有些超市，有过一个月连一箱都卖不出去的记录，濒临被清场的危险。但到了2007年2月，特仑苏终于迎来了巨大的反弹，销量倍增，市场份额迅速扩大，长达1年多的"坚持"终于给蒙牛带来了新的利润增长点。这个案例告诉我们，针对市场鸿沟，坚定信心至关重要。

品牌：蒙牛特仑苏　时间：2005年10月 - 2007年12月　城市：全国　指标：销售量（吨）

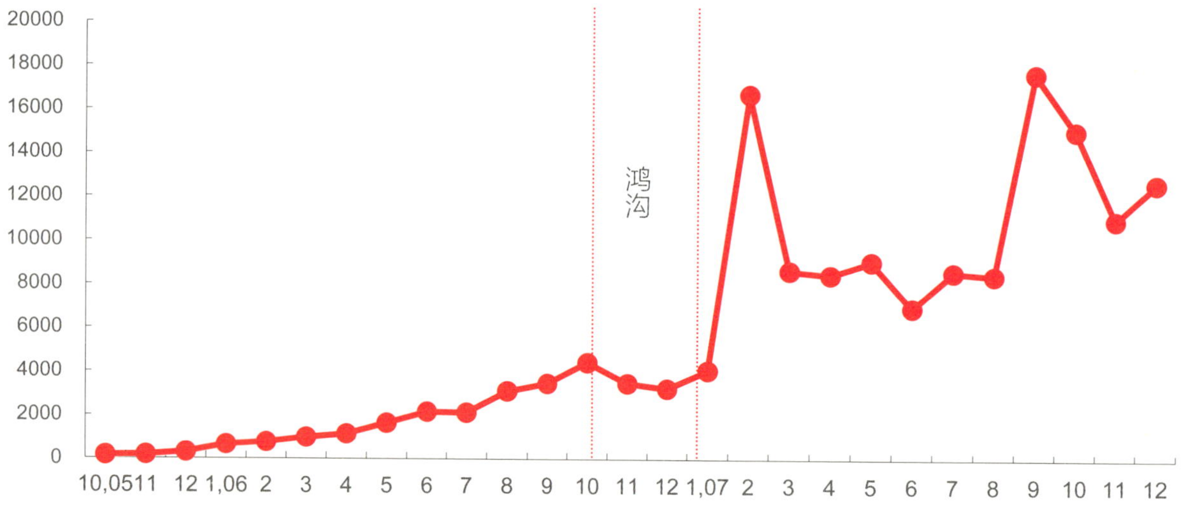

信息来源：TNS World Panel China

确保品牌“保鲜”是你持续发展的基础。

沙漏效应

再好的饭菜，也有吃腻的时候；再美的风景，也有看淡的时候。这就是规律，品牌也不例外。我们把这个效应叫沙漏效应。也就是说，顾客对一个品牌的关注度，就像漏沙子一样，在你不知不觉中慢慢流失，因此，懂得沙漏效应，就必须懂得为品牌"保鲜"，通过不断地创新给品牌注入新的活力。我们在本书第二章里谈到品牌的构成要素时提到"焕发活力"，目的就是要有效避免顾客的沙漏效应。

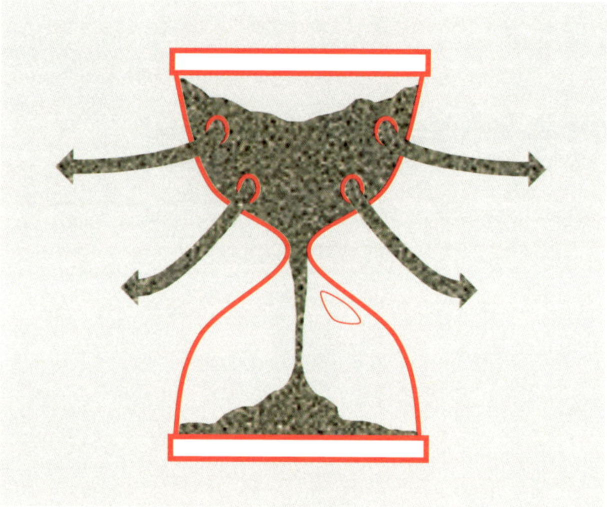

顾客接触广告的关注度变化经验值

广告投放时间	顾客关注度
3个月	100%（接近）
6个月（半年）	54%
9个月	29%
12个月（一年）	16%
15个月	8%
18个月（一年半）	5%

信息来源：顾客接触广告的关注度变化经验值数据来源为阳狮广告

案例分享

品牌为什么会换LOGO？是为了保鲜！

百事可乐是国际品牌中更换LOGO最多的品牌之一。截至目前，已经更换11次LOGO，平均每10年更换一次。包括我们熟知的星巴克也曾经换过LOGO。小目的也许有很多，但大目的只有一个：为品牌保鲜。通过视觉形象的更新，带给顾客一种新鲜感。

百事可乐换LOGO

旧　新

星巴克换LOGO

旧　新

案例分享…

品牌为什么换包装？也是为了保鲜！2016年圣诞节，可口可乐在日本推出过一个蝴蝶结包装，引起了很大的反响。这是"吃饱了撑的吗"绝对不是。他们在产品上没有什么可创新的，配方都是100年以前就定了。所以，只好通过这种包装的创新，为品牌保鲜。最近，iPhone7推出了红色版手机，也引起很大反响，道理也一样，也是为了给自己的品牌保鲜。

可口可乐推出的蝴蝶结包装

iPhone7推出的红色版手机

品牌征服

后记

心征服主义

不为金钱而做！

一本厚厚的书稿终于写完了。今夜，我失眠了。不过，是兴奋的失眠，喜悦的失眠。从头到尾，再翻一遍书稿，总算看到自己这些年的理论沉淀和实战过程。很是欣慰！还有一点也很有趣：书稿从前面到后面，也感觉到自己PPT制作水平的提升，越往后看，越觉得顺畅。

在写本书的过程中，很多同事问我："你希望这本书卖多少册？"我说："这本书我肯定会出版，但卖多少册就随缘了，因为这本书是我写给自己的，是自己用来'欣赏'的，而不是用来赚钱的。"如果有人买，说明我们有缘；如果还能帮到他，说明我的初心得到了实现。

活到45岁，我明白了一个道理：**凡事不能强求，凡事不能为了金钱而做。**遇到事情，要么沿着自己的使命走，要么跟随自己的爱好走。付出100%的努力，然后顺其自然。只有在这种状态下，我们的内心才会变得无比强大，无所畏惧。

这本书，正是在这样的状态下写成的。带着一种使命去写，也带着一份爱好去写。所以，用时较长，篇幅较大。自始至终没有迎合任何出版商的意图，因此，从内容到形式，比较接近我内心想要的样子。

此书，我一不要稿费，二不要版税，出版此书只是为了证明自己，丰富自己，也是为了体验无数企业因这本书而收益的成就感。

沉甸甸的一本书，沉甸甸的一份情，就这样献给需要它的有缘人！

有使命才有未来！

在过去的咨询经历中，我真正明白了企业家精神对一家企业未来发展的作用。如果企业家没有企业家精神，只是一个商人思维，黄金也会变成粪土，再好的咨询建议也无法挽救这个企业。在中国，太多的企业半途而废，不是没有好的战略，而是没有好的企业家。

什么是企业家精神？通过多年的感悟，我发现：企业家精神肯定不是以赚钱为目的的精神，肯定不是在法律和道德的边缘"打擦边球"的做法。企业家，唯有把这两个"心魔"放下，真正以企业为家，视顾客为亲人，才有资格谈企业家精神，才有资格谈企业的未来发展。

王健林说：企业家精神就是创新和坚持。但我认为，这两个只是企业家精神的表现形式，不能完全代表企业家精神。一个完整的企业家精神还需要一个源头：使命。一个纯粹的动机、带有很高底线的使命才是企业家精神的本质。就像乔布斯做企业，不是为了赚钱；德兰修女帮助穷人，不是为了出名。

说起来，这个世界就是这么邪乎。往往不是为了赚钱的人，最后都会赚大钱；不是为了出名的人，最后都会出大名。这就是使命带来的命运转变！

在大互联时代，我们中国需要太多的企业家，而这些企业家太需要企业家精神。我敢预言：**中国企业未来的核心出路，根本不在于产品、技术、渠道或人才，而在于有使命感的企业家。**

在大互联时代，有使命才有未来！

致天下奋斗者！

→ 本书开篇时，我提到马云的创业经历并告诉大家：你若强大，春暖花开；你若弱小，痛苦如海。

→ 本书的结尾，我想再提到一位企业家并告诉大家：我们该如何强大自己。这位企业家就是任正非。

→ 任正非的人生跌宕起伏，44岁被单位开除，又被人骗走200万元，妻子也提出离婚，曾经有过一段十分落魄的生活。

→ 然而，老人家并没有被这样的困难和挫折击倒，反而奋发图强，咬牙创办华为，通过27年的努力，打败思科，超越爱立信，把华为做到了全球通讯服务领域的第一品牌。

→ 27年来，他的信念、他的斗志、他的勤奋已经成为世纪佳话。他把华为的组织智商推到极致，专利总数位居全球第一；也把华为的奋斗精神推到极致，70多岁还坚持工作，出差还自己打车；同时把华为的舍得文化推到极致，把自己的股份从100%稀释到1.01%。老人家说：把常理推到极致是宗教。正因为有这样的宗教精神，他才征服了对手，征服了人生，征服了世界，成就今天的华为。

→ 因此，我想借助老人家的创业经历，告诉大家以下三句话，与天下所有奋斗者共勉：

人生如市场，市场如战场，只有两种生存方式：**征服或屈服。**

走向征服之路，我们需要三支箭：**智慧、勇气和胸怀。**

箭在弦上，志在心中，让我们以迈出的每一步向世界宣告：**活着，就要征服！**

本书特别感谢的人

- 特别感谢著名企业管理专家、幸福企业理论奠基人、国际慈善家、天九幸福控股集团董事局主席卢俊卿先生的大力支持与鼓励；
- 特别感谢北京博士德文化发展有限公司总经理朱新月老师及其团队成员鲁爱萍、赵辉老师对本书出版及上市环节的鼎力帮助和支持；
- 特别感谢新华出版社在本书的出版及发行环节的努力；
- 特别感谢天九研究院所有同事对本书的支持，尤其感谢邢蓓、阮程、于利花对本书的内容优化、排版、校对及设计工作的倾情协助，也特别感谢企宣中心周丽对早期咨询项目视觉设计上的帮助；
- 特别感谢我曾经奋斗过的伊利集团、派力营销、TNS中国以及我曾经服务过的客户红星美凯龙、蒙牛乳业、康师傅、上海家化、克明面业、弘一文化、绿谷阳光、三峡泉、太平洋服饰（神力奇）以及其他没有被点名的所有客户，谢谢你们给我信任、给我智慧，给我提供大力支持；
- 特别感谢多年来一直关心我、包容我和帮助我的所有亲朋好友；
- 特别感谢热心读者多年来的关心和支持，你们的鼓励一直是我的动力；
- 特别感谢业界同行对我的包容以及诚恳的交流、批评与指正。

附录1：本书参考文献

- 大卫·A·艾克、爱里克·乔瑟米塞勒：《品牌领导》，新华出版社，2001年
- 里斯、特劳特：《营销革命》，中国财政经济出版社，2002年
- 琼·菲利帕·德尚、兰加纳特·纳亚克：《产品神话》，中国人民大学出版社，2003年
- 里斯、特劳特：《定位》，中国财政经济出版社，2003年
- 特劳特、瑞维金：《新定位》，中国财政经济出版社，2003年
- 罗伯特B·伍德拉夫、萨拉·费雪·加蒂尔：《洞察你的顾客》，机械工业出版社，2004年
- 迈克尔·波特：《竞争优势》，华夏出版社，2004年
- 艾·里斯、劳拉·里斯：《品牌之源》，上海人民出版社，2005年
- 菲利普·科特勒、费尔南多·德·巴斯：《水平营销》，中信出版社，2005年
- 杰克·特劳特：《营销十要》，电子工业出版社，2005年
- W·钱·金、勒妮·莫博涅：《蓝海战略》，商务印书馆，2006年
- 爱德华·德·波诺：《水平思考》，北京科学技术出版社，2006年
- 金英汉、林希贞：《星巴克的感性营销》，当代中国出版社，2007年
- 艾·里斯、劳拉·里斯：《22条商规》，山西人民出版社，2009年
- 艾·里斯、劳拉·里斯：《广告的没落 公关的崛起》，山西人民出版社，2009年
- 艾·里斯、劳拉·里斯：《董事会里的战争》，山西人民出版社，2009年
- 包·恩和巴图：《品牌入侵》，京华出版社，2009年
- 马丁·林思特龙：《感官品牌》，天津教育出版社，2011年
- 沃尔特·艾萨克森：《史蒂夫·乔布斯传》，中信出版社，2011年
- 张云、王刚：《品类战略》，山西人民出版社，2011年
- 杰克·特劳特：《什么是战略》，机械工业出版社，2012年
- 艾·里斯：《聚焦》，山西人民出版社，2012年
- 劳拉·里斯：《视觉锤》，机械工业出版社，2012年
- 栾玲：《苹果的品牌设计之道》，机械工业出版社，2014年
- 陈光峰：《互联网思维》，机械工业出版社，2014年
- 黎万强：《参与感》，中信出版社，2014年
- 比约·布劳卿、拉斯·拉克、托马斯·拉姆什：《大数据变革》，机械工业出版社，2014年
- 詹姆斯·哈金：《小众行为学》，北京时代华文书局，2015年
- 刘国华、吴博：《共享经济2.0》，企业管理出版社，2015年
- 凯文·凯利：《必然》，电子工业出版社，2016年
- 吴春波：《下一个倒下的会不会是华为》，中信出版社，2016年
- 金错刀：《爆品战略》，北京联合出版公司，2016年
- 尤瓦尔·赫拉利：《未来简史》，中信出版集团，2017年
- 《首席品牌官》、《里斯品类战略》、《品牌几何》、《4A广告提案网》、《海绵定位学习》、《销售与市场》、《哈佛商业评论》、《梧桐会》、《中国企业家杂志》、《逻辑思维》、《营销兵法》、《商业学府》、《中外管理杂志社》、《总裁读书会》、《尼尔森市场研究》、《北大纵横》、《清华管理评论》、《互联网IT圈》、《广告记》等微信公众号相关内容

附录2：本书图片、案例来源及相关说明

本书图片及非作者亲自做的案例来源：

- 百度搜索引擎：www.baidu.com
- 微信公众号搜索
- 谷歌搜索引擎：google.com.hk
- 必应搜索引擎：cn.bing.com
- 新浪网：www.sina.com.cn
- 案例所涉及的各个品牌官方网站及官方微博、微信公众号
- 本书所参考的相关文献

本书作者亲自操作案例说明：

- 本书引用了作者本人亲自做的部分实战案例及咨询案例。在这些案例中，有些在市场上能看得到，网上也能搜得到，但有些案例目前在市场上看不到，甚至网上也搜不到。对那些目前在市场上看不到、网上也搜不到的部分案例在此做特别说明：在这些案例中，有些案例企业目前还尚未完全实施，仍在筹办和整合资源阶段；而有些案例由于客户的后期业务转型导致了前期的咨询建议难以继续落地。因此，请读者予以理解，并希望对部分案例即将在市场上亮相予以期待。

本书图片使用说明：

- 本书使用了部分品牌的LOGO、平面广告等图片。这些图片大部分来自于网络，是网上盛传的公开图片。本书采用这些图片，只是为了说明本书观点和方法，并无他意。希望相关网站及企业予以理解与包容。衷心感谢你们的理解与包容！

稿费支付说明：

- 本书因以PPT版出版，引用了不少图片，上面也做了说明。由于图片大多来自于公开的网络媒体，因此本书无法一一确认、也无从查找和联系图片的版权所有人。因此，在这里特别声明：如果本书所使用的图片涉及版权或著作权问题，版权所有人或图片作者及时与我们联系，我们愿意按照国家出版物稿酬标准为您支付稿费。邮件地址：enhebatu@263.net。

包·恩和巴图品牌战略

心征服主义

微信公众号：baoenhebatu-g

活着，就要征服！

——包·恩和巴图

品牌
征服